make it *True*
meets
Medusario

Bilingual anthology of
NEOBARROCO & CASCADIAN POETS

Edited by
JOSÉ KOZER, PAUL E. NELSON &
THOMAS WALTON

Translations by
ALEJANDRO CARRILLO &
DANA NELSON

PLEASURE BOAT STUDIO: A LITERARY PRESS

ISBN 978-0-912887-87-6
Library of Congress Control Number: 2019934539

Art: Free anonomyous art
Design: Lauren Grosskopf

Pleasure Boat Studio books are available through your
favorite bookstore and through the following:
SPD (Small Press Distribution) 800-869-7553
Baker & Taylor 800-775-1100
Ingram 615-793-5000
amazon.com and bn.com
& through

PLEASURE BOAT STUDIO: A LITERARY PRESS
www.pleasureboatstudio.com
Seattle, Washington

Contact *Lauren Grosskopf, Publisher*
Pleasboatpublishing@gmail.com

TABLE *of* CONTENTS

THE ENGLISH WORD *MEET* THAT CONNECTS THE TITULAR
subjects of this anthology suggests that this is an assembly of sorts,
a bringing together of poets from varying aesthetics, languages,
worldviews and geographic regions. Indeed, the poets of this
assembled body span the Americas from Chile to Alaska. Twelve of
the poets write primarily in Spanish and Portuguese, most of which
have never had work available to English-speaking readers, and of
the thirteen poets affiliated with Cascadia, very few have poetry
available or accessible to Latin and South American audiences. This
diversity, somewhat by design, stretches a reader's ability to make
sense of this anthology. There are moments of contact, for sure,
but on the whole, this collection tends to read like two completely
different books arbitrarily brought together. So then, how do we
make sense of it?

SOME BACKGROUND

THIS ANTHOLOGY IS THE RESULT OF A COLLABORATION
between Cuban Neobarroco poet José Kozer and Paul E Nelson,
founder of the Seattle Poetics Lab (SPLAB) and the Cascadia Poetry
Festival, a celebration of poetry and bioregionalism. Their desire
was to resurrect the spirit of older, more internationally-focused
and inclusive journals in the 1970s and 80s, such as those put out
by Keith and Rosemary Waldrop on their press, *Burning Deck*.
Kozer and Nelson were tired of the cliquish, heavily-branded
focus of contemporary poetry journals and anthologies and wanted
to bring together poets from divergent languages, cultures, and
aesthetics to create a type of conversation, or at least a fertile
meeting place for ongoing ideas about poetry—something messy
that might trouble the too-easy academic labels and the subsequent

segregation those aesthetic and political divisions cause within the larger, global poetry community.

The starting point was envisaged as a bringing together of the poetry communities represented by two earlier anthologies: *Medusario: Muestra de poesía latinoamericana* (Fondo de Cultura Económica, 1996), an anthology of Latin American Neobarroco poets that Kozer had co-edited and *Make It True: Poetry from Cascadia* (Leaf Press, 2015), a bioregional poetry anthology of which Nelson was a co-editor. In the mid-1990s, *Medusario* brought together a generation of Latin American poets who had been breaking with the work of forebearers like Pablo Neruda and Ernesto Cardenal, and instead drew a lineage that reflected more the neo-baroque tendencies of Cuban poet José Lezama Lima and Brazilian proto-concretist Haroldo De Campos. Much like Donald Allen's groundbreaking *New American Poetry* did for post-war American poets, *Medusario* established a new potential lineage for Spanish and Portuguese speaking poets that included much of the poly-vocal and paratactic experiments of high Modernism along with the meter and imagery of English Metaphysical poets and the bards of the Spanish Golden Century Baroque.

In his essay "The Neo-Baroque" included here, Kozer defines the aesthetic of the poets included in *Medusario* in contrast to traditional Latin American poetry as "prismatic, convoluted," a-thematic, "open and androgynous, hard to place." Instead of speaking from a distinctive, unified voice, their poetry is dense, atonal, "polyphonic," and "splintered." It has "its own logic, a logic that includes, and at times prefers, the illogical." The neo-baroque, according to Kozer, "does not fear detritus and garbage. It exalts the pestilential and decayed, and never presents reality in black and white." However, it is not simply chaotic for chaos' sake. To read it requires an adjustment, "a deep-sea diver-like immersion in a milieu where gravitation changes constantly" and in which you "have to breathe differently: more asthmatically."

Make It True by contrast presented a much more fractured sense of aesthetics and lineage, and less of a clean break from the predominate US traditions. Some of the poets who were included come through the Whitman/Dickinson (and later Lowell/Bishop) camps, focusing on the authority of lyric self-expression, while others more clearly gravitate toward the post-modern and avant-garde, building on the work of Stein and Pound/Williams, and later Olson, Duncan, Levertov, Ginsburg et al, treating the self as multiple, complex, and its expressions as limited perspectives that can only reflect reality in the mosaic. The tie that binds is less an aesthetic divergence from the mainstream poetries as it is a commitment to place, specifically the Cascadian bioregion that extends north from Cape Mendocino, California to southern Alaska, and east from the Puget Sound to the Rocky Mountain regions of British Columbia, Canada, Montana, Idaho, and Oregon. While many of the poets included have ancestral ties elsewhere—China, El Salvador, New Mexico, Tennessee, Cuba, Britain, Germany, etc.—they share an interest in respecting the local: plant life, oral and recorded histories, indigenous traditions.

This respect is related to the stoic principle of Xenia, or the symbiotic guest/host relationship, in which neither guest nor host have special value, but they are interconnected—what affects one intimately affects the other. This relationship extends to humans and the earth, such that we ought to know our host environs and the local histories and traditions intimately, so as to function in relative harmony. The emphasis on organicism is reflected in both the confessional and prophetic content, but also, for a number of the poets, extends to the form as well, with the line and syllable kept as closely reflective to the breath of the poet in the original expression. As such, many of the poets affiliated with Cascadia share a value for spontaneous composition and serial form, in which the expressions are all partial and juxtaposed.

AS A STARTING POINT, WE CAN RECOGNIZE THAT THE TWO, dominant poet-groupings literally speak different languages. This distinction is important, and by no means should it be thought of as a limitation of this collection as a whole. In the publishing market, the vast majority of bi-lingual poetry tends to get segregated along linguistic lines, often in a strict hierarchy that privileges English as the universal language that everything melts into. The defining mark of what gets labeled "international" poetry is that it, by and large, is not composed in English. When translation anthology and journal projects materialize, it's almost always a one-way street—English-language poets get translated for a particular non-English-speaking market or vice versa. Everything is presented in only one language—usually English. What sets this anthology apart is that the editors consciously chose to ignore that hierarchy by presenting every poem in both English and Spanish, so as to create a sort-of neutral space in which both linguistic audiences can simultaneously encounter a wide range of what constitutes poetry at this particular juncture in the still-early 21st century.

Beyond just the formatting, poets in this collection share a common dissatisfaction with the sanitized status quo of "modern" life, or what Kozer notes when he describes the poetry of Raul Zurita, as "a pained awareness of the modern world, with its dirty politics, its egoic manipulations, the madness of the few against the indifference of the many." That very mad indifference is pictured by many of the poets in this collection in gothic contrast to a vastly expansive sense of reality that threatens to engulf us, whether that comes from without, as in ecological and political struggle, or from within, or what Nelson in the introduction to *Make It True* calls the "wilderness of the mind" that includes the all-encompassing power of language that threatens to consume consciousness itself.

While at times, the site of resistance seems clear—colonialism, imperialism, capitalist exploitation of the planet, patriarchal authoritarianism—other times it is presented as shadow-boxing, an illusion of language or virtue signaling, favoring evasiveness, irony, poly-vocality, and elasticity over direct confrontation. The tactical push/pull is helpful to revisit right now, as another round of fascist takeovers of the public sphere have once again sparked an intense polarization of political energies and allegiances. Scanning many US-based journals and anthologies of late, one can't help but get the sense that the editorial stance *du jour* is to push direct, polarized truth-to-power rhetorical stances. The heavily experimental, the paratactic, the hard-to-pin-down—all seem much less visible than they were a decade ago, and in official and less-formal criticism get labeled derisively as "postmodern," Euro-centric, affluent, inauthentic, or worse. This collection evades such easy lines in the sand, opting instead for a wider definition of political struggle, and presenting a range of tactical, poetic approaches.

What we are confronted with in the poems that follow is an existential struggle that *includes* the politics of the moment but asks us as well to wrestle with the nature of consciousness—asking whether our humanity represents something outside of nature, something special, unique, transcendent even, or whether we are fated by the gravity of our DNA, language and culture, pulling us back into the orbit of what Shin Yu Pai calls "the defining roles that keep us captive." Many of the poets included challenge us to see the here-and-now, but also to look beyond the threat of our endings, to see in the cycles of time and language, a ground on which to become the human our rhetoric extolls. As Cedar Sigo notes of Joanne Kyger's sketches of Madame Blavatsky in his poem "On the Way," our corporeal limitations illustrate we are not outside of the flow of time:

"but of course

         this is not the end.

                 Oh no.

One is more *in* time

        so attentive to its wavering

            her pacing, enveloping…

                 wanting to see."

And it is the illusion of linear time that underwrites notions of "progress" that Peruvian poet Maurizio Medo in his anti-utopian poem "Gadgets" ironically derides as "sense" so necessary for the construction/of our future ruins/where the past seems to lie ahead/ of the world which absently, appears." In that ironic temporal paradox, we can begin to see evasiveness and obscurity in a new light, for as Kozer reminds us, the obscure can be "an instrument for understanding the spiritual, as well as reality when confronted by variety and the threat and dread of Nothingness."

-Matt Trease

LA PALABRA EN INGLÉS *MEET* (CONFLUIR) QUE LIGA LOS títulos de la presente antología, propone cierto tipo de encuentro, una confluencia de poetas con distintas estéticas, idiomas, cosmovisiones y provenientes de diferentes regiones geográficas. De hecho, los poetas reunidos en esta obra abarcan el continente americano en su totalidad, desde Chile hasta Alaska. Del grupo *Medusario* son doce poetas que escriben principalmente en español y portugués, la mayoría de los cuales nunca ha tenido sus obras disponibles entre los lectores de habla inglesa. De igual manera, la mayoría de los trece poetas de *Cascadia* no ha tenido su poesía disponible y al alcance del público latino y sudamericano. Esta diversidad, un tanto a propósito, pone a prueba la capacidad del lector de dar sentido a la antología. Se presentan momentos donde el contacto resulta obvio, no obstante, esta colección deberá leerse como dos libros totalmente diferentes que han sido articulados de manera caprichosa. Entonces, ¿cómo darle sentido a esta antología?

CIERTOS ANTECEDENTES

ESTA LANTOLOGÍA ES EL RESULTADO DE UN TRABAJO colaborativo entre el poeta cubano neobarroco, José Kozer y Paul E. Nelson, fundador de Seattle Poetics Lab (SPLAB) y Cascadia Poetry Festival, donde se celebra tanto la poesía como el biorregionalismo. Su deseo fue reanimar el espíritu de las viejas revistas, más internacionalmente orientadas e inclusivas que establecieron Keith y Rosemary Waldrop en las décadas de los setenta y ochenta gracias a su imprenta *Burning Deck*. Kozer y Nelson estaban cansados del elitismo y el enfoque comercial de las revistas y antologías poéticas contemporáneas. Querían reunir poetas provenientes de diferentes culturas, idiomas y estéticas para crear un cierto tipo de conversación, o al menos, producir un espacio fértil para un *continuum* de ideas entorno a la poesía, un tanto desordenado y que imposibilitara las etiquetas académicas fáciles, así como la ulterior segregación que aquellas estéticas y divisiones políticas causan dentro de una comunidad poética más grande y global.

El punto de partida previsto fue el de reunir las comunidades poéticas representadas por dos antologías previas: *Medusario: muestra de poesía latinoamericana* (Fondo de Cultura Económica, 1996) que Kozer había coeditado y *Make It True: Poetry from Cascadia* (Leaf Press, 2015), donde Nelson fungió como coeditor de esta selección de poesía biorregional. A mediados de la década de los 90 Medusario reunió a una generación de poetas latinoamericanos escindidos del trabajo de sus antecesores, Pablo Neruda y Ernesto Cardenal. Su propuesta fue trazar un linaje que reflejara más las tendencias neobarrocas de José Lezama Lima y el protoconcretista Haroldo de Campos. Un tanto parecido a lo que la innovadora revista *New American Poetry* de Donald Allen significó para los poetas estadounidenses de la posguerra; Medusario representó una nueva estirpe para los poetas de habla hispana y lusitana que incluían en gran medida experimentos polivocálicos y paratácticos de un alto *Modernismo* junto con la métrica e imaginario de los poetas metafísicos ingleses y los bardos del siglo de oro del barroco español.

En el ensayo titulado "El neobarroco" que aquí se incluye, Kozer define la estética de los poetas de *Medusario* como "prismática, intrincada," atemática, "abierta y andrógina, difícil de situar" a diferencia de la poesía tradicional latinoamericana. En lugar de hablar con una voz propia y consolidada, la poesía neobarroca es densa, atonal, "polifónica" y "fragmentada." Tiene "su propia lógica, una lógica que incluye, y a veces prefiere, lo ilógico." El neobarroco según Kozer "no teme al detritus ni a la basura; exalta la pestilencia y putrefacción y jamás presenta la realidad en blanco y negro." Sin embargo, no es un mero caos por afán de ser caóticos. Para leerla se necesita una cierta adaptación, "como buzo en un mar profundo, en un ambiente donde la gravedad cambia constantemente" y en donde uno "tiene que respirar de manera diferente: de manera más asmática."

Por otro lado, *Make It True* ofrece un sentido de la estética y linaje mucho más fracturado, así como un rompimiento menos uniforme con las tradiciones estadounidenses predominantes. Algunos de los poetas incluidos llegaron a través de las escuelas de Walt Whitman y Emily Dickinson (y posteriormente de Lowell/Bishop), enfocándose más en la autoridad de autoexpresión lírica, mientras otros se sienten más atraídos por el *Postmodernismo* y lo *Avantgarde*, basándose en Gertrude Stein y Ezra Pound, William Carlos Williams y posteriormente, en Charles Olson, Robert Duncan, Denise Levertov, Allen Ginsberg y otros para tratar al ser como algo múltiple, complejo y sus expresiones como limitadas perspectivas que únicamente puede reflejar la realidad en lo heterogéneo. El nudo de enlace es menos una divergencia estética de la poesía más general que un compromiso con una geografía, específicamente la biorregión de Cascadia que se extiende desde Cabo Mendocino, California hasta el sur de Alaska, y del este de Puget Sound a las regiones de la Montañas Rocosas de Columbia Británica, Canadá, Idaho y Oregón. Aunque, muchos de los poetas incluidos aquí tienen lazos ancestrales en otros lados, China, El Salvador, Nuevo México, Tennessee, Cuba, Gran Bretaña, Alemania, etc., todos ellos comparten un interés por respetar lo local: la vida de las plantas, las historias orales y documentadas, las tradiciones indígenas. Este respeto está relacionado con el principio estoico de Xenía o bien con la relación simbiótica huésped/anfitrión, en la cual ni el huésped ni el anfitrión tienen un valor especial, sino que se encuentran interconectados, lo que afecta a uno entrañablemente afecta al otro. La relación se extiende a los humanos y a la tierra, de tal manera que debemos conocer nuestros entornos, así como las historias y tradiciones locales de manera íntima, para que funcionen en armonía relativa. El énfasis en la organicidad se refleja tanto en el contenido confesional como profético, pero también, para varios de los poetas, se extiende, de la misma manera, a la forma, así que, en la expresión original, el respiro del poeta se refleja profundamente en la línea y la sílaba. De tal modo que, muchos de los poetas identificados con Cascadia comparten un valor por la composición espontánea y la forma seriada en la que las expresiones son todas parciales y yuxtapuestas.

CIERTAS SIMILITUDES

COMO PUNTO DE PARTIDA, PODEMOS IDENTIFICAR QUE los dos grupos dominantes de poetas hablan literalmente idiomas distintos. Esta distinción no es sino importante, y por ningún motivo debería pensarse como limitante de esta colección. En el mercado editorial, la vasta mayoría de la poesía bilingüe tiende a estar segregada por características lingüísticas, a menudo en una jerarquía estricta que privilegia al inglés como el idioma universal en lo que todo tiene que ser trasvasado. La marca definitoria de lo que se cataloga poesía 'internacional" es aquella que, en gran medida, no se compone en inglés. Cuando los proyectos de traducción de antologías y revistas se materializan es casi siempre en una sola dirección, se traduce a los poetas del idioma inglés para un mercado específico que no son hablantes de inglés o viceversa. Todo se presenta en solo un idioma, usualmente inglés. Lo que marca la diferencia en la presente antología es que los editores eligieron de manera deliberada ignorar esa jerarquía al presentar cada poema tanto en inglés como en español para crear así un espacio neutral en el cual ambos públicos lingüísticos puedan, de forma simultánea, descubrir un amplio rango de lo que es la poesía en este momento específico del aún joven siglo 21.

Más allá del formato, los poetas de esta colección comparten un descontento en común con el aséptico *status quo* de la vida "moderna" o lo que Kozer menciona cuando describe la poesía de Raúl Zurita, como "una dolorosa conciencia del mundo moderno, con su política truculenta, sus manipulaciones egoístas, la locura de unos cuantos contra la indiferencia de muchos." Varios poetas de esta colección retratan dicha indiferencia insana y la contraponen, de manera misteriosa, al vasto y extenso sentido de la realidad que amenaza con sepultarnos, ya sea que venga desde fuera como en una lucha ecológica y política, o desde el interior, o lo que Nelson en la introducción de *Make It True* llama "la tierra indómita de la mente" que incluye el poder completamente envolvente del lenguaje que amenaza con extinguir la misma consciencia.

Mientras a veces, el sitio de resistencia pareciera evidente, colonialismo, imperialismo, explotación capitalista del planeta, autoritarismo patriarcal, en otras se presenta como una lucha contra un enemigo inexistente, una ilusión de la lengua o contra la presunción de posturas éticas/exhibicionismo de posturas éticas, favorecimiento de la evasión, la ironía, la polivocalidad y elasticidad sobre la confrontación directa. El empuje/tiro táctico es de utilidad ahora en el revisionismo, ya que, en la esfera pública, otro grupo fascista de detentores del poder ha originado, de nueva cuenta, una intensa polarización de energías y alianzas políticas. Al revisar rápidamente las más recientes revistas y antologías estadounidenses, uno no puede sino darse cuenta de que las últimas posturas editoriales son la incentivación de posicionamientos retóricos directos polarizados que confronten al poder con la verdad. Lo densamente experimental, lo paratáctico, lo difícil de definir, todo parece mucho menos visible que hace una década y, en un criticismo oficial y menos formal se etiquetan, a manera de burla, como "postmoderno," eurocéntrico, pudiente, falso, o cosas peores. La presente colección evade dichas demarcaciones y opta, en cambio, por una definición más amplia de lucha política y presenta una serie de estrategias tácticas y poéticas.

A lo que nos enfrentamos en los siguientes poemas es a una lucha existencial que incluye las políticas del momento pero que también pide contender con la naturaleza de la consciencia, pregunta si nuestra humanidad representa algo fuera de la naturaleza, algo especial, único, incluso trascendente o si estamos predeterminados por la gravedad de nuestro ADN, lengua y cultura, que nos atrae a la órbita de lo que Shin Yu Pai llama "los papeles definitorios que nos mantienen cautivos." Muchos de los poetas incluidos nos plantean retos para ver el aquí y el ahora, pero también para ver más allá de la amenaza de nuestro fin, para ver en los ciclos de tiempo y lengua, una base sobre la cual podamos ser el factor humano que ensalce nuestra retórica. Cedar Sigo apunta de los bocetos de Joanne Kyger's de Madame Blavatsky en su poema "On the Way" nuestros límites físicos muestran que no estamos fuera del flujo de tiempo:

> "pero claro
>> este no es el final.
>>> Claro que no.
> Uno es más *en* el tiempo
>> tan atento a sus vacilaciones
>>> su paso, envolvente…
>>>> desear ver."

Y es la ilusión del tiempo lineal lo que garantiza las nociones de "progreso" que el poeta peruano Maurizio Medo en su poema anti-utópico "Gadgets" irónicamente se burla como "un sentido tan necesario para la construcción / de nuestras futuras ruinas / adonde el pasado parece estar adelante / del mundo que, ausente, aparece." En dicha paradoja temporal e irónica, podemos empezar a ver lo evasivo y la oscuridad bajo una nueva luz, como Kozer nos lo recuerda, lo oscuro puede ser "para entender lo espiritual y la realidad cuando se confronta por medio de la variedad y la amenaza, el temor de la Nada."

-Matt Trease

make it

True

meets

Medusario

Sarah De Leeuw

OCTOBER CHANTERELLING—

Listen my father says standing downslope from the hiking trail trying
to teach me about details, about being careful, so really he means *look*

pointing out moss separating, where a nurse log lifts as it rots shrinks
        shifts skyward an
opening for leaf buildup for mushrooms in semi-sandy close

to coastal soil covered with hemlock needles, dead devil's club, the odd
softened yellowed skunk cabbage decaying beside tea-coloured tanniney

creeks flowing beachward, the sea stretching to Japan from where
my father never tires of telling me, those salt-roughened turquoise glass

balls float to us, how distance is really small if you account for currents
how no matter how long and strong the lichen looks it remains fragile

how one should not rip out other species in the hunt for chanterelles
and the long-gilled stems of edibles should be cut, orangey gold stubs

left in the ground for next year because everything grows on earth left
by something else, even daughters, who will leave and cross oceans or those

two red cedars, twins attached at ankle and neck, when one falls the other
will crumble too so my father is also saying listen, I will die one day too, look.

Sarah De Leeuw

OCTUBRINA BÚSQUEDA DE CHANTARELAS—

Escucha dice mi padre a un lado del sendero para tratar
de enseñarme los detalles, ser cuidadosa, pero en realidad quiere decir *observa*

apuntando hacia el musgo separándose, donde un tronco nodriza levanta al
        igual ue pudre
encoge y mueve hacia el cielo un descubierto que acumula hojas para los
        hongos en suelo emiarenoso casi

costero cubierto con acículas de falsos abetos, bastones del diablo muertos,
        la escasa amarillenta
y blanda col de los pantanos en putrefacción junto a los riachuelos

ataninados color té que fluyen hacia la playa, el mar se alarga hasta el Japón
        desde donde
mi padre nunca se cansa de decirme, esas esferas cristal-turquesa ásperas por la sal

flotan hasta nosotros, que la distancia es de verdad corta si uno toma en cuenta
        las corrientes
como no importa que tan largo y fuerte se vea el liquen sigue siendo frágil

cómo uno no debe arrancar otras especies cuando busca chantarelas
y los largos estípites agallados de los comestibles deben cortarse, las bases
        naranjadorado

dejarse en el suelo para el siguiente año porque todo crece en la tierra que algo
más deja, aún las mismas hijas, que se irán y cruzarán los océanos o ese

par de cedros rojos, mellizos unidos por el tobillo y cuello, cuando uno caiga el otro
se derrumbará también, así que mi padre ha dicho, escucha, yo moriré algún día
        igual, observa.

HOW TO CONVEY THAT DYING REALLY IS LONELY

It matters how, for instance, your daughters do
not visit, only calling once, maybe twice, a month

from far away, from a city with a river you
refuse to call a river, flanked with paved

sidewalks not shores or banks, a gassy water
highway, nothing wild or untamed left, only

re-introduced salmon, opposite of those you miss
fishing in northern streams, a dog

at your side, now you watch him every
morning after you've taken a flight of pills

knowing he will outlive you, knowing the snow
outside may be the last snow you'll see, you

can't see the cells as they metastasize to pelvis
just like you can't see the jays the chickadees

or the flickers, but you hear them like you
dream of cancer being white, an invisible racket

of noise you have to fall asleep with
knowing it's all inside you, you wake

up to the news of an Olive Ridley sea turtle
carried north on ocean currents from Pacific

coast Mexico, life cooling away, found by crab
fishermen near Alaska, a slack beaked face

CÓMO COMUNICAR QUE MORIR ES DE VERDAD SOLITARIO

Importa cómo, por ejemplo, tus hijas no
te visitan y solo llaman una, o tal vez, dos veces al mes

desde lejos, desde una ciudad con un río al que
te rehúsas llamar río, flanqueado con aceras

pavimentadas sin riberas u orillas, una vía
acuática aceitosa, nada silvestre o salvaje queda, solo

salmón reintroducido, distinto al que añoras
pescar en los arroyos del norte, un perro

junto a ti, al que ahora ves cada
mañana después de tomar un surtido de pastillas

a sabiendas de que te sobrevivirá, a sabiendas de que la nieve
afuera puede ser la última nieve que veas, no

ves las células mientras metastizan la pelvis
al igual que no puedes ver los azulejos los carboneros

o los carpinteros, pero los escuchas como tu
sueño de que el cáncer es blanco, un escándalo invisible

de ruidos con el que tienes que dormir
a sabiendas de que está dentro de ti, despiertas

con las noticias sobre una tortuga golfina
empujada al norte por las corrientes oceánicas desde la costa mexicana

del Pacífico, la vida se enfría languidece, encontrada por un
pescador de cangrejos cerca de Alaska, de cara puntiaguda alargada

dappled jade green skin like light on a tropical sea
how a woman named him Frank, wrapped him

in a blanket to warm him, how that didn't work
so she drove his body around town

in the hatchback of a rusting Honda Civic
a sample specimen, a dead animal so far from home.
J-16, 8501

Mostly it's as if my father
is still alive, because being

dead does not take away
his voice in my head

or my conversations with him
about J-16, the first female born

for decades in Puget Sound's
almost dead Orca J-pod population.

She's maybe their last hope, teeth
rakings across her ovoid face

marking what scientists say
was an assisted birth, a killer

whale midwife wrenching calf
from uterus into ocean minutes

before new year's eve, so connecting
her too with the two-day old wreckage

piel verde jade moteada como luz en un mar tropical
cómo una mujer la llamó Frank, la envolvió

en una manta para calentarla, cómo eso no funcionó
así que llevó su cuerpo por todo el poblado

en la cajuela de un Honda Civic oxidado
un espécimen de muestra, un animal muerto tan lejos de casa.
J-16, 8501

Las más de las veces es como si mi padre
estuviera aún vivo, porque no por estar

muerto desaparece
su voz de mi cabeza

o mis conversaciones con él
sobre la J-16, la primera hembra nacida

en décadas en la población casi moribunda
del clan J de orcas del Puget Sound.

Ella puede ser su última esperanza, los
rasguños dentales sobre su cara ovoide

marcan lo que los científicos dicen
que fue un parto asistido, una orca

partera saca violentamente del útero
al océano un crío minutos

antes de la víspera del año nuevo, así se vincula
también con el naufragio de hace dos días

from Air Asia Flight 8501, cylindrical
fuselage also scarred as if chewed

but full of the dead, seatbelts
still buckled and blackbox

pinging like an orphaned orca
the sea bottom a telegraph line

of currents ever quieting what sings
and swims, I hear my father answer.

del vuelo 8501 de Air Asia, fuselaje cilíndrico
también con cicatrices como si lo hubieran masticado

pero lleno de muertos, cinturones de seguridad
aún abrochados y la caja negra

con su pitido a manera de orca huérfana
el fondo del mar un cable telegráfico

de corrientes que acalla siempre lo que canta
y nada, escucho la respuesta de mi padre.

Eduardo Espina

CÓMO QUITARLE LA ROPA AL PASADO
(Cada acontecimiento es una estación diferente)

Con el padre fue diferente. Bastó con la vida apenas
empezó a perder el pasado para que la vieran venirse
abajo hasta dejar a la realidad con los pies en la tierra.
La época a partir del eco aprendió a perdurar sin días,
ni uno para llegar siquiera al domingo del año anterior.
La cara del tiempo varía demasiado fácil de fisonomía.
Con la madre en cambio, la historia de los ratos inició
su retorno al revés, desde la vez cuando supimos que
el mal no había venido para irse con las manos vacías.
La máscara de oxígeno, la metástasis, los catéteres.
Fue de golpe igual a un gran paracaídas que recién
se abre al tocar la tierra recta tan bien representada.
Fiera manera de convertir lo anónimo en sinónimo:
a la mujer de, le tocó sufrir lo que no tiene nombre.
¿Para qué insistir con esto si acaso la vida sigue, si
el cielo con sus asuntos no deja de estar lejos? Las
palabras se lo han preguntado infinidad de veces,
y hasta se atreven a hacer las paces con el olvido.

Eduardo Espina

HOW TO UNDRESS THE PAST
(Each Event is a Different Season)

It was different with father. Life was enough hardly
had the past begun to disappear for them to see it coming
apart until reality was left with its feet on the ground.
The epoch after the echo learned to persist without days,
not one to even reach the Sunday of the previous year.
The face of time changes its appearance too easily.
With mother on the other hand, the history of moments began
its homecoming backwards, from the time we learned that
sickness had not come to leave empty handed.
The oxygen mask, the metastasis, the catheters.
It was sudden like a large parachute that opens
upon landing on flat earth as shown.
Ferocious way of transforming the anonymous into synonym:
the wife of, she had to endure what cannot be named.
Why insist on this if life goes on, if
the heavens by nature remain far away?
Words have raised the same questions countless times
and they dare to make peace with oblivion even.

MI PADRE, QUE TUVO UNA VEZ UN JARDÍN PARECIDO
(Botánica para hablar con ella)

Ninguno de los difuntos hizo tanto para que las lilas
se salvaran de estar bien. Antes de cambiar de tema,
el otoño llegaba del aire a traer hojas a la superficie.
Así es esto mientras más sepa serlo. Las petunias no
serán las únicas en cantar entre cardos y anacahuitas.
Alguien siguió de largo. Un clavel al ver. El hornero
tenido en cuenta por la cantidad que al llegar había.
Había una vez un ave en el ñandubay, y lo que hay.
El nombre de algunas plantas será mejor escucharlo
como sea: cineraria, ecindapso, aralia, anémona,
kalanchoe. Pasa casi igual con los pájaros. Todos
quisieran llamarse sabiá, churrinche, achará, salvo
el benteveo, que nació para ser solo benteveo. Las
flores, en cambio, no cambian. Violetas. Geranios.
Vuelven a su persistencia a pesar de estar a salvo.
El caranday, hermafrodita por dentro y por fuera,
y el miedo del matorral por no poder apartarse de
su vida anterior. El iris fluvial. Arueras. Girasoles
(de noche callan), el ceibo hasta hoy involuntario.
Vi a la mujer que limpia las tumbas hablando sola,
era recién, y estaba el día a disposición del arriate.
Los hibiscos. Los aligustres. Añadir a las petunias
(aun no es demasiado tarde para morir) el agua de
las formas desparejas aunque lo parezca. Nadie lo
hace, ni al cielo da razones para sumar a su causa.
¿Será suficiente una religión completa para poder
saberlo? El dios de las lápidas al quedar enterrado,
el catolicismo, una marea anímica, región a juzgar
con ambos ojos, cuando una música va debajo de la
tierra y la vida no sabe si habrá patria o venceremos.
Cada flor es otro día, cada muerte un acto inexacto,
aquí la luz no se siente tan laica como el cardenal,

MY FATHER, WHO ONCE HAD A SIMILAR GARDEN
(Botany to Speak With)

None of the deceased did much for the lilies
to be rescued from being ok. Before changing topics,
autumn descended from the air to bring leaves to the surface.
That is how this is the more it knows to be so. Petunias will
not be the only ones singing among thistles and anacahuitas.
Someone kept going. A carnation upon looking. The ovenbird
kept in mind by the amount there would be upon arrival.
Once upon a time there was a ñandu bird in the ñandubay tree, and
what is there. The names of some plants are better heard
anyhow: cineraria, scindapsus, aralia, anemone,
kalanchoe. It is the same with birds. All of them
would like to be named sabiá, churrinche, achará, except
the great kiskadee which was born just to be the great kiskadee.
Notwithstanding, flowers remain standing. Violets. Geraniums.
They return to their persistence despite being safe.
The caranday, hermaphrodite inside and out,
and the fear inside the shrub at not being able to detach itself
from its past life. The fluvial iris. Arueras. Sunflowers
(they shut up at night), the ceibo is still involuntary.
I saw the woman who cleans graves talking to herself,
just recently, and the day was at the disposal of the flower bed.
The hibiscuses. The wild privet. Add to the petunias
(it is not yet too late to die) the water of the mismatched
forms although it seems to be. No one does,
not even to the sky are given reasons to join its cause.
Will a whole religion be enough to
know it? The god of the tombstones when buried,
Catholicism, a spirited tide, region to be considered
with both eyes, when music goes under the
earth and life does not know if it shall be country or victory.
Every flower is another day, every death an imprecise act,
here the light does not feel as secular as the cardinal

·

pájaro para dejar que los nidos hagan las preguntas.
A la hora en que el cielo obra a solas, descubro que
también en otoño la visibilidad es una resurrección.
Esto no es más que venir a hablar con los muertos,
mientras el tema del nacimiento tenga al menos el
nombre del mar a su modo, de un clima a donde ir.
Salgo del cementerio, porque uno entra para salir.
Chilcas, dracenas, claveles, geranios. Digo anémona
en voz alta, por si el alma esta vez es la de mi padre.
Al final de la historia, aunque sea una vez, las flores
tendrán las ideas en orden. Estarán todas de su lado.

bird to allow the nests to ask the questions.
At the hour when the sky works alone, I discover that
in Autumn visibility is a resurrection also.
This is no more than coming to speak to the dead,
while the topic of birth might at least have the
name of the sea to suit, an environment to go to.
I leave the cemetery, because one goes in so as to leave
Chilcas, dracaenas, carnations, geraniums. I say anemone
aloud, just in case the soul this time is the soul of my father.
At the end of the story, even if just once, the flowers
will have their ideas in order. They will all be on his side.

Roberto Echavarren

EL EXPRESO ENTRE EL SUEÑO Y LA VIGILIA

"Sígueme, dijo uno, hacia el mingitorio
y luego, en vez de orinar, nos tiraremos a la piscina
para respirar mejor. Soy osado."
Se me adelanta
y la corriente lo lleva a un costado del río
mientras otros, cada cual frente a una rama o un tronco,
se ejercitan bajo metros de agua.
La primer pulseada, la primer banana
desciende por el perfil del río.
"Ven, aquí nos tiramos mejor."

Y la paz, el primer poema,
se transparenta en el agua y la luz.
Aquí estamos entre algodones embebidos en tinta.
El tilo se ramifica contra el aire de plata
y tu fe en el día crece a medida de los resplandores,
recién empieza, ante el bandeo de los neumáticos sobre el macadam mojado.
Un perro duerme, respira con un jadeo suave.

A las primeras luces
tus sentidos frescos aún no se han esponjado.
El soplo al socaire apenas me despierta,
después otro trecho de sueño.

Los caboclos protegen este principio de día
y los muertos, en silencio esponjado,
también están vivos.
Callamos para no estrenar sino la paz y la vigilia incierta.
El coche se va, queda un chisporroteo
dentro del silencio y el tic tac
es parte de la paz.

Roberto Echavarren

THE ESPRESSO BETWEEN SLEEP AND WAKEFULNESS †

"Follow me to the urinals someone said
and then, instead of pissing, we'll jump into the pool
to breathe better. I'm game."
He goes first
and the current carries him to a riverbank
while others, each before a branch or a trunk,
exercise in watery depths.
The first arm wrestle, the first banana
goes down river.
"Come here, we can get in better over here."

And calm, the first poem,
becomes clear in the water and light.
We're here among cottons soaked in ink.
The lime tree branches out through the silver air
and your faith in the day grows with the measured shining
new amidst the whirring of tires on the wet macadam.
A dog sleeps, softly panting.

At first light
your renewed senses have not yet expanded.
A breath of air hardly awakens me
and then another stretch of sleep.

Caboclos protect this start of day
and the dead, in expanded silence
are also alive.
We keep silent so as not to disturb the calm
and the uncertain vigil. The car leaves
a spark within the silence and the tick tock
is part of the calm.

Se han calmado la sed y los sufrimientos del cuerpo.
En este pulmón de raicillas
la frescura atiende el cuerpo de nadie,
la vigilia de los muertos y el anónimo mamboretá sobre la ventana
del avión a la hora del desayuno.

Pero ese ladrido que no escucho
es un fondo de sombra que se excava en la sombra,
y ahora unos cascos de caballo llegan lentos
con el carrito que recoge desperdicios,
el escape de un autobús tintinea en los vidrios
pero no escucho nada en el principio de todo.

Basta beber del embebido algodón
o absorber por las narinas la paz que no comienza.

Antes, cuando buscaba escaquear lo que escribo
y tenerlo en colecciones ante los ojos
dejaba de escribir por temor a no completarme
y dormía a la madrugada con el sopor del olvido.
Ahora escucho lo que escucho a la hora,
un enturbiado arrebato de grullas en el patio.

No hay otra falange ni otro dedo que golpetee en el caño
y lo que estaba es la paz que se adormila
y la cabeza sobre la funda fresca.
Nadie explica aquí todos los ruidos.
El mezzogiorno está muy lejos.
Se vuelca, sobre las paredes del sueño, la tinta.
Giramos en el cubo de la penumbra
y ya ahora y sobre esta cinta
chirridos se ajustan y el perro despierta.

Thirst has been quenched and the sufferings of the body are over.
Through the lung's rootlets coolness
attends nobody's body,
the wakefulness of the dead and the anonymous praying mantis
on the airplane window at breakfast.

But the barking that I don't hear
is a well of shadows excavated in darkness,
and now the slow approach of horses' hooves
bringing the garbage wagon,
the roar of the exhaust pipe rattles the window panes
but I hear nothing in the beginning of everything.

It's enough to drink from the soaked cotton
or absorb through the nostrils the calm that doesn't start.

Earlier, when I sought to square what I wrote
and hold it in collections in front of my eyes
I left off writing for fear of not completing myself
and slept at dawn in a stupor of forgetting.
Now I hear what I hear right now,
a turbid squawk of cranes on the patio.

No other phalanx or finger drums on the water pipe
and it was a slumbering calm
and my head turning on the cool pillow case.
No one here explains all the noises.
The mezzogiorno is still far off.
Ink splatters on the walls of sleep.
We spin inside a bucket of shadows
and right now and along this belt
squeals sharpen and the dog wakes up.

RAROS MOMENTOS

cuando la nota saja sagarana
la pulpa que no se sabía si estaba
mientras la cabeza, sobre la colcha, en esguince
inclinada gravita aún al acabar de despertar
hacia el recibo en penumbra con un brote de luz
por el fondo de amarillos
membrillos y la "eterna" mujer,
que no tiene figura sino es alusión del afecto
y microclima cavado en la tarde de un día libre,
recoge o recibe en su casa
sin considerar que esa mujer vivió en otras casas,
y aún en el exterior, antes de morir se había mudado,
ahora registra el recibo imperativo, se queda
de visita en casa donde al parecer nunca falta,
nunca muere, desde otro lugar
permite que la visitemos en este lugar,
remozada, y ella
ha consagrado ésta para que no falle, panacea no falta
aunque falte todo lo demás, esa casa esa mujer
hombre y mujer, ni hombre ni mujer
en fin más lugar que ella,
casi inocente, casi presente
inoculado de un germen que respira
y permite, entre campanillazo y campanillazo,
quedarse en un lugar que integra éste,
los escapes transitan lo atraviesa
el temblor de un motor,
la motoneta, pedos de castañuela
cuando saja la nota y ya no estamos,
cuando ella arrastra los pies,
cierra una puerta
el motor ablandado musita discreto
un primer arrebato por visitar el lugar.

RARE MOMENTS

when the note saws
the flesh no one knew was here
while her head bent and tilted on the bedspread
hardly begins to awaken
toward the hall in shadow with a tendril of light
through a background of yellow
quinces and the "eternal" woman
who has no shape but alludes to affection and
a microclimate dug up in a free afternoon,
she gathers or receives in her house
without considering that she had lived in other houses
and even overseas, just before dying she had moved again.
Now she attends the mandatory reception
visiting a home where it seems she is never absent,
never dead, from somewhere else
she allows us to visit her here
rejuvenated, and she has consecrated this one
so it doesn't fall through, there's no lack of panacea
even if we lack all else, that house that woman
man or woman, neither man nor woman
in the end more a place than a person
quasi innocent, quasi present
inoculated by a germ that breathes
and allows us, between the tolling of the bell
to remain in a place that belongs here.
The exhaust rumbles by,
the thunder of a motor,
the scooter, cackles of castanets
When the note saws and we're no longer here,
when she drags her feet,
closes a door,
the inconspicuous engine softly muses
the first thrill at visiting the place.

OMBLIGO

No un punto o un área de la tierra el ombligo del mundo
sino la tierra ombligo del universo,
habitáculo, cámara de oír resuena
de un lado al otro el rebotante,
si mónada por rebote
un punto más chico abandona para volver a rebotar,
percute en el alto fenecer de su gemido, bramido
escozor de garganta al colocarse el pescuezo,
constructo suspendido momentáneo
cual se recuerda un diseño para mejor
rebotar en el desquite
nada había ya de lo que hubo;
había una bahía
el cortar los retruécanos la garganta ese mantel, cuando lo
pica la ventisca, la nevasca, el aguanieve
el garrotillo, los balines de hielo,
nieve menuda, copos de gran tamaño,
dando puntos y a contrapunto
en el nodal elemento de torsión al punto
sorprendióse de que cada suceder de letras
formara palabras, y eso torcían, el roble
y la aflicción del fuego
en el confín de piedra, el punto de cada componente
en el lugar de cada uno, como si los lugares
tomaran consistencia al viajar
a constituirse sobrevuela la especie por el fuelle,
caminamos por el suelo de conchas rotas,
se incorpora el ruido del agua,
la piedra, el anillo retumba en cada frase
pero los saltos nos llevan a olvidar el sonido
para más adelante comprender y quedar
abierto el otro borde
y da que parpadear, ya en la pequeña estancia que se cuadre
bajo el cerquillo de esa ene
a poca distancia, todavía está aterrado.

NAVEL

Not a point or an area of the earth the navel of the world
but the earth the navel of the universe,
cell, sound chamber, it resonates
and a monad bounces from side to side
on any dot to bounce again.
I positioned neck and throat
to better rebound in retribution.
Nothing is left of what it was.
There was a bay,
cutting retorts, a tablecloth
pricked by the blizzard, snow, sleet,
hail, pellets of ice, small snowflakes,
large snowflakes, a point and a counterpoint
around a nodal element of torsion:
he was surprised that each succession of letters
formed words, the oak and the affliction of fire
bounced against a boundary of stones.
Every component changed position,
took on consistency by travelling,
our intoning flew ahead of us
but we walked over broken shells
and heard the noise of water running.
A stone fell, a ringing resounded
in each phrase, but the jumps
made us forget the sound
to comprehend it further on
and blink, and leave open the other side
while inside this small room at a short distance
under the brow of this ñ
he is still terrified.

Translations by Roberto Echavarren

Paul E. Nelson

JUAN VICENTE DE GÜEMES PADILLA HORCASITAS Y AGUAYO, 2ND COUNT OF REVILLAGIGEDO

y who is de *San Juan* after whom
    de islas de San Juan are named?
        & how did Spaniards

get here and who, why, how
        did the blood stop
  at one pig, how
      were the war pigs (for once)
              denied
              (denuded

divested of covering
made bare?)

        Coulda been war, glorious
           here in *Isla y Archipiélago de San Juan.*

        Cannon balls and musket blasts
    to scatter the last of the Canis lupus
        the Columbia Black-Tailed Deer, the
        rare Northern Sea Otter (for whom

or whose pelt Quimper would trade copper
years before Filthy Jerry cd get his
    filthy fingers on it.)

JUAN VICENTE DE GÜEMES PADILLA HORCASITAS Y AGUAYO, 2º CONDE DE REVILLAGIGEDO

and ¿quién es de *San Juan* por quien
las islas de San Juan reciben su nombre?
& cómo llegaron

los españoles aquí y quién, por qué, cómo
paró la sangre
en un cerdo, cómo
fueron los cerdos de guerra (por esta vez)
denegados
(desnudados

despojados de cubierta
en cueros?)

Haiga sido la guerra, gloriosa
aquí en *la Isla y Archipiélago de San Juan.*

Balas de cañón y ráfagas de mosquete
para esparcir el último de los Canis lupus
el venado cola prieta de Columbia, la
rara nutria marina del norte (por la que

o por cuya piel Quimper trocaría cobre
años antes de que Filthy Jerry pusiera sus
apestosas manos en él.)

But there's something in the Cascadia water wd
                    bring out the noble in men
          like Admiral Baynes who'd soon
                              be knighted
          who'd refuse Governor Douglass'
                    August 2, 1859 troop landing order.

          Something that'd attract
                    Spaniards like the Mexican Viceroy:

Juan Vicente de Güemes Padilla Horcasitas y Aguayo,
2nd Count of Revillagigedo

(Not the San Juan who'd be put in a cell not much bigger than himself.
Not the one who'd see the union of jiwa and Divine in the metaphor
of Holy Marriage. Not the one who'd write about how the bride hides
herself and abandoned him in his lonely groaning. Not the one who'd
feel the need to purge every last imperfection every last psychic typo
every last lust urge every last of the dominator fixation not mitigated
but transcended by The Fire to which Blaser wd allude. Not the he
of a thousand graces diffusing, graces unnumbered, those that protect
from the thousand cuts that come from conceptions of the Beloved.
Not the one whose metaphor'd bride'd leave his heart there in that
lashed meat cage maintained by a bit of bread and salted fish. Not the
one with the silvered surface who'd one day mirror forth. Not the one
on the wing whose Beloved'd one day see the strange islands with the
roaring torrents (Cascade Falls?) & whose gales would whisper amour,
a love-awakening south wind not spewed by Spetsx who'd be the rain
wind from the Southwest a two day canoe journey south of the present scene. Not the one whose Beloved bride from a mother corrupted
would make a bed out of flowers, protected by lions hung with purple and crowned with a thousand shields of gold. Not the one whose
bride'd attract young ones & who'd commence the flow of divine balsam & get him pitchdrunk on fire and scent and spiced wine. Not he
of all-consuming painless fire drunk on pomegranate wine whose only
job was amour. Not that San Juan).

Pero hay algo en el agua de Cascadia que puede.

sacar lo noble en los hombres

como el Almirante Baynes quien sería pronto

nombrado caballero

quien habría de rehusar la orden de desembarco de tropas

del 2 de agosto de 1859 emitida por el

gobernador Douglass.

Algo que atraería

a españoles como el virrey mexicano:

Juan Vicente de Güemes Padilla Horcasitas y Aguayo,
2o Conde de Revillagigedo

(No el San Juan que sería puesto en una celda no mucho más grande que él. No aquel que vería la unión de jiwa y lo Divino en la metáfora del Sagrado Matrimonio. No aquel que escribiría sobre cómo la novia se esconde y lo abandona en su gemido solitario. No aquel que sentiría la necesidad de purgar hasta la última imperfección hasta el último error de dedo psíquico hasta el último apremio de lujuria hasta la última fijación de dominación no mitigada pero trascendida por el Fuego al que Blaser aludiría. No ese de una miríada de gracias difusas, gracias innumerables, aquellas que protegen contra los mil cortes que vienen de las concepciones del Amado. No aquel cuya metaforizada novia dejaría su corazón ahí en esa jaula de carne azotada mantenida con un poco de pan y pescado salado. No aquel con la superficie plateada quien un día se reflejaría hacia adelante. No aquel en vuelo cuyo Amado un día visitaría las extrañas islas con torrentes estrepitosos (¿Cascade Falls?) & cuyos ventarrones susurrarían amor, un viento del sur que despierta el amor no expulsado por Spetsx quien sería el viento de lluvia del Suroeste un viaje de dos días en canoa al sur de la presente escena. No aquel cuya Amada novia de madre corrompida haría un lecho de flores, protegido por leones colgados con púrpura y coronados con miles escudos de oro. No aquel cuya novia atraería a los mozos & comenzaría el flujo del bálsamo divino & embriagarlo con fuego y esencia y vino especiado. No aquel del fuego indoloro consumante ebrio con vino de granada cuya única labor fue el amor. No ese San Juan).

This Juan was a Cubano,
                    born in La Habana.
                              The third Criollo Viceroy
                                        of Hispaña Nueva.
This Juan wd see
                    the Capital (then Veracruz)
                                        as a slum, peasants
                              in thin robes, straw hats, trash
                              in the streets and the first flash
                    of all those Rez dogs to come.

                                                  This Juan

(el Vengador de la Justicia)
                              he'd find & hang
                              the outlaw gangs
                                        of murderers

& clean the Viceroy's palace.
                                        Light the streets of Ciudad de México
                    pave highways to Veracruz,
                                        Acapulco,
                                        Guadalajara,
                                        San Blas y
                                        Toluca

                    find the Aztec Calendar Stone & set
                    the heavens on fire but found
                              Cascadia
                                        not worth the troops
          it'd cost to own her,
                              settled
                                        for leading the flock
                    of 4.5 million future Mexicans
                                        he'd count and a few islands

Este Juan era cubano
		nacido en La Havana.
				El tercer virrey criollo
					de la Nueva Hispania.
	Este Juan vería
		la Capital (entonces Veracruz)
				como un arrabal, campesinos
			con mantos desgastados, sombreros de petate, basura
		en las calles y el primer destello
		de todos esos perros de la Rez por venir.

						Este Juan
(el Vengador de la Justicia)
			encontraría y colgaría
			a las gavillas de bandoleros
					asesinos

& limpiaría el palacio del virrey.
				Iluminaría las calles de la Ciudad de México
		Pavimentaría carreteras a Veracruz
					Acapulco
					Guadalajara
					San Blas and
					Toluca

		encontraría el calendario azteca de piedra & encendería
			los cielos pero pensó que
			Cascadia
				no valía el costo de disponer de tropas
		para poseerla
				se conformó
				con guiar a la bandada
		de 4.5 millones de futuros mexicanos
					que contaría y unas cuantas islas

to this day
in one way or another
bear his name:

San Juan
Orcas
Guemes.

Dots in a green landscape
as seen from Constitution
where the divine balsam flows
by the kayaks
and the wind whispers

Mary.
8:49A - 2.24.13

hasta hoy
de una u otra manera
llevan su nombre:

San Juan
Orcas
Guemes.

Puntos en el verde paisaje
como se ven desde Constitución
donde el bálsamo divino flota
a un lado de los kayaks
y el viento susurra

Mary.

8:49A - 2.24.13

Smoke rises to heaven when it ought to descend to hell.
- Ramon Gomez de la Serna

& a heaven's of yr making a home be it the Rock or Careladen, Woodtown or the Lake, Ka'gean or Cloud Nine, Slaughter or a little corner of Hillman City survivable by p-patch. Make it w/ enough care to notice *from the lichen to the day moon.* From the library to the Japanese Maple. From the giant sunflowers to the three steepled cedar points to better weather.
     In it & in the chaos of the marked-up books, the three-toed vase, the empty Otokoyama bottles in the recycle bin, clues. To sift through the wreckage one day they'll want clues. Clues to how you ended up next to a fire (well-tended) & clues to the spiritual chase. Clues to the record & direction (for future seekers) & clues to where you hid the Humboldt Fog. Clues cd hide right in front of you as does the sponge plant by the duckweed drift which smears the morning Lake. Clues of cigarette butts & grief.

> Old growth Redwood
>   800 years old
>   300 feet tall
>   heard its share
>   of prayers.

They were always there we'll say, prominent as miniature islands w/ salal, blue huckleberry & dwarf spruce. Calm as the Lake ripples made by a coot flock landing. Subtle as the woodsmoke rejecting hell in the making of its new home as it courts the morning Cascadia fog. Sincere as autumn bouquets *(sweet little nosegay like)* for every dead stranger in the cemetery made w/ the spirit of *great cobwebs of geese in the sky* & mild-mannered hallucinations of reverse snow in September Olympic Fireweed

97. PISTAS DEL INFIERNO

El humo sube al cielo cuando debía bajar al infierno.

                    - Ramon Gomez de la Serna

& un paraíso es de tu propia invención un hogar ya sea en la Rock o Careladen, Woodtown, o el Lake, Ka'gean o Cloud Nine, Slaughter o en una esquinita de Hillman City donde se puede sobrevivir con un huerto comunitario. Hazlo con sumo cuidado para tomar en cuenta *desde el liquen hasta la diurna luna.* Desde la biblioteca hasta el arce japonés. Desde los gigantes girasoles hasta las puntas campanarios de los cedros hasta un clima mejor.

En él & en el caos de los libros rayados, el florero de tres pies, las botellas vacías de Otokoyama en el contenedor de reciclaje, pistas. Para que un día podamos tamizar las ruinas ellos querrán pistas. Pistas sobre cómo terminaste cerca de un incendio (bien cuidado) & pistas para la caza espiritual. Pistas para el registro & dirección (para los futuros exploradores) & pistas para saber dónde escondiste el Humboldt Fog. Las pistas pudieran estar escondidas frente a tus narices como la planta esponja por la deriva de la lenteja de agua que ensucia la mañana del Lago. Pistas de colillas de cigarro & pena.

    Cedro rojo viejo
       de 800 años
         300 pies de alto
    escuchó su buena cantidad
          de oraciones.

Siempre estuvieron ahí diremos, prominentes como islas miniaturas con salal, arándanos azules y la pícea enana. Apacibles como las ondulaciones del Lago hechas por una parvada de patos que acuatiza. Sutiles como el humo de la leña que rechaza el infierno al construir su nuevo hogar mientras corteja la niebla matinal de Cascadia. Francos como los buqués del otoño *(dulces como un*

or the hush of dropping fir needles w/ each new exhale from Blue Glacier.

So stock up on cake mix & tequila, butter & turkey bacon. Mangoes y pan de banana. Have handy jasmine rice & altar candles, fresh garlic & olive oil. Cashew bits & blush wine. Wool socks & binoculars. Photos of the loved ones & always the clue-enabling ancestors.

Decoding the sea
& the heavens
ain't for sissies.
Lend a hand
or stand back.

4:08p - N.8.13

The Lake
Loleta, CA

All quotes from Morris Graves

pequeño arreglo floral) por cada muerto anónimo en el cementerio hecho con el espíritu de *las grandes telarañas de gansos en el cielo* y alucinaciones de apacibles modales de nieve invertida en la llamarada olímpica septembrina o en el silencio de la caída de las acículas de abeto con cada nueva exhalación del Blue Glacier.

Así que abastécete de mezcla para pastel & tequila, mantequilla & tocino de pavo. Mangos and pan de plátano. Ten a la mano arroz jazmín & velas de altar, ajo fresco & aceite de oliva. Trozos de nuez de la India & vino rosa. Calcetas de lana & binoculares. Fotos de los seres queridos & siempre de los ancestros habilitadores de pistas.

escifrar el mar
  & los cielos
no es para gallinas.
  Echa una mano
    o hazte para atrás.

         4:08p - N.8.13

           The Lake
           Loleta, CA

    Todas las citas tomadas de Morris Graves

Pedro Marqués de Armas

(crónica)

A FRANCISCO MORÁN

el chino que colgaron de un pie
en las caletas de San Lázaro
el que se metió de cabeza
en los filtros de Carlos III
el empalado de la loma
del burro el trucidado
del camino de hierro
el último peón

toda esa gente en aprieto
toda esa gente a la sombra
de qué

el que bebió la flor (pública) de los urinarios
el que degolló al Conde y lo dieron por loco
y después inventó un aparato para matarse
(Engranaje-Sin-Fin)

el verdugo que entraba por el boquete
el que le cortó la cara al Padre Claret
en un raptus luego de misa
el embozado que le pasó
la chaveta el que empleó
el veneno que no deja
traza (Rosa francesa)
toda esa gente en aprieto
toda esa gente a la sombra
de qué

Pedro Marqués de Armas

(chronicle)

FOR FRANCISCO MORÁN

the Chinese man who was hung by his foot
in the small coves at San Lázaro
the one who went head first
into the filters of Carlos III
the one impaled from loma
del burro the one slaughtered
from camino de hierro
the last peon

all these people in trouble
all these people in the shadow
of what

the one who drank the (public) flower of the urinals
the one who slit the throat of the Count and was called a madman
and then invented a device to kill himself
(Cogs-Without-End)

the executioner who entered through the opening
the one who cut Father Claret's face
in raptus after the mass
the masked one who smuggled
the blade the one who used
the poison that leaves no
trace (French Rose)
all these people in trouble
all these people in the shadow
of what

el amante de la Bompart
apresado en el Hotel Roma
a 30 yardas de la Iglesia de Cristo
el que gritó -ante la trigueñita de los doce años
y el padre enloquecido colgado de un gancho-ansias
de aniquilarme siento el que soportó
el giro del tórculo pero no a las legionellas
el que arrojó vitriolo al negrero Gómez
junto al altar el que prendió yesca
el que echó la mora al agua
atada al cepo -dicen
desde la eternidad

toda esa gente en aprieto
toda esa gente a la sombra
de qué

the lover of Ms. Bompart
imprisoned in the Hotel Roma
30 yards from the Church of Christ
the one who screamed —before the twelve-year old olive-skinned
girl
and the father gone mad hung from a hook-longing
to annihilate myself I feel the one who withstood
the turn of the rolling press but not the Legionellae
the one who threw sulfuric acid at the slaver Gómez
next to the altar the one who lit the tinder
the one who threw the woman into the water
tied to the stock —they say— from
all eternity

all these people in trouble
all these people in the shadow
of what

DESPUÉS DE MUERTO

A Julio Ramos

En avícola granja de Isla de Pinos
donde por mal comportamiento
te destinaron –oh música mala–
las gallinas cacareaban tu nombre
al amanecer

Oh Nicolás
      Oh Nicolás
            Oh Nicol
                  hazzz

Y se quedaban tan panchas

Por eso te dio por quemar (las)
con querosene del que engorda
el pico

Te desquiciaron, sí,
te demolieron, sin miramiento
–tramoyistas, simples asistentes,
gente de cine, en fin, los blanqui-
renegridos
enfermeros de Mazorra

Solo el sol matérico picando duro,
sonando seco sobre los del baile,
cegando (a los deslumbrados
metalúrgicos)
redime un
tan

AFTER DEATH

For Julio Ramos

At a poultry farm on Isla de Pinos
where for misbehavior
you were sent —oh horrible music—
the hens would crow your name
at dawn

Oh Nicolás
     Oh Nicolás
          Oh Nicol
              hazzz

And they were so relaxed

So, you began to burn (them)
with the kerosene that fattens
the beak

They drove you crazy, yes,
they crushed you, without consideration
—tricksters, merely assistants,
movie folk, whatever, the whiten-
very black
nurses of Mazorra

Only the tangible sun stinging hard,
sounding dry over the dancers
blinding (the bedazzled
metallurgists)
redeem
a thump

Aunque mirar (lo)
de frente
nadie pueda
(La Rochefoucauld)

Sol extensible de un cabo al otro
desde la Rampa hasta Buey Arriba
hasta el Tao (sic) y la Liga
contra la Ceguera
Sol portátil sobre los "umbracos"
en la ciudad invadida de café y paja
en el año de la Gran Derrota
A la propaganda opusiste
la vieja publicidad, ironía y orgullo
a destiempo con lo que se volvía
más que nunca
cuestión de Estado.

Pero suena ya el cencerro
y el punzón
contra tu lápida.

Que no hay sintaxis ¡no!
como no hubo sino un regreso
pigro al Moloch (de la Barba)

escoltado (aún) por la tonada
que casi lo deja
lampiño
Captaste el movimiento del gentío:
baile rápido, para conjurar la milicia
y lento, para calar cuán enfermo
estamos
Eros así, jamás se bailó
Por si te quieres
por el pico
divertir

---

* From the song *The Peanut Vendor*

Though look (it)
in the eyes
no one can
(La Rochefoucauld)

Sun expandable from one point to the other
from La Rampa to Buey Arriba
to El Tao (sic) and the Liga
contra la Ceguera
Portable sun over the "umbracos"
in the city invaded with coffee and straw
in the Year of the Great Defeat
The propaganda you opposed
the old advertising, irony and pride
inopportunely for what was becoming
more than ever
a matter of the State.

But the cowbell is ringing now
and the chisel
against your tombstone.

That there is no syntax, no!
like there was nothing but a lazy
return to Moloch (the Bearded one)

escorted (still) by the tune
that almost leaves him
hairless
You caught the movement of the crowd:
Harried dance, to summon the militia
and slow, to guess how sick
we are
Eros, it was never danced like this
Peanuts in a little bag
*are calling you**

---

* *From the song The Peanut Vendor*

Stephen Collis

(from) HOME AT GRASMERE

for Peter Culley

*...not because [Grasmere] reminds one of Wordsworth so much but because if we
half shut our eyes we may be able to imagine we're back on Burrard Inlet*
—Malcolm Lowry 1957 letter to Ralph Gustafson

2

Up over Silver How
To look down into Langdale
A small slate quarry just barely scars the
Hillside the sheep wander the slopes of a
Still functioning commons and music forms
Itself into coloured sticks swimming from
The loose stones of Schwitters' Merz Barn
Lighting the *fire perpetual* which is
Not perpetual but glows brightest
Before it gutters—Romantic landscape
What fears of liquid gas linger beneath
Your rolling grasses—this was always a
Working place was less ideal than we'd been
Led to believe was a between we learned
To linger on and on in

When we eat an apple
We break into and use
The energy stored by the apple tree
We are harvesting sunlight
Even when we break into the earth
We are harvesting sunlight

Stephen Collis

(de) EN CASA EN GRASMERE

para Peter Culley

...no porque [Grasmere] le recuerde a uno mucho de Wordsworth pero porque si entrecerramos los ojos es posible imaginar que estamos de nuevo en Burrard Inlet
—Malcolm Lowry 1957 carta a Ralph Gustafson

2

En la cima de Silver How
Para ver Langdale desde arriba
Una cantera de pizarra apenas marca la
Ladera las ovejas andan por las pendientes de un
Terreno comunal todavía en uso y la música se vuelve
En sí palos coloridos nadando de
Las piedras sueltas del granero Merz de Schwitter
Encienden *el fuego eterno* que
No es eterno pero que resplandece más intensamente
Antes de titilar, paisaje romántico,
Qué temores de gas líquido persisten bajo
Tus ondulantes pastos, esto siempre fue
Lugar de trabajo era menos ideal de lo que nos habían
Hecho creer fue un entre en donde aprendimos
A detenernos y quedarnos

Cuando comemos manzana
Penetramos y usamos
La energía almacenada por el manzano
Cosechamos la luz del sol
Aún cuando penetramos la tierra
Cosechamos la luz del sol

Peter I see the South Wellington slag
Heaps of my grandmother the bucolic
Forests of my childhood were filled with the
Hulking stumps of a hundred years gone old
Growth forest logged as colonial gold
Nothing is pure but our longing
Everywhere what is *beneath* the land is
More valuable than what is *on* the land

Somewhere there's a road under nearly
Constant construction and you can't walk
On it or to it but you can view it—
Its weathered orange traffic cones and
Faltering yellow rust machines—
From a railway bed the tracks and ties of which
Have long been removed

Perhaps a dog the colour of your autumn
Photographs accompanies you perhaps
The slag heaps of productive systems past
Swan about dark and foreboding just
Behind the line of alder trees recent
As last month's rent

What use this piece of turf Peter what use
If we do not cull it take wild flowers
For midsummer frolicks common even
This untenable commons
Or like weather vanes turn ourselves away
Creak out of wind words that doff temporality
Go ourselves to ward off wisdoms
And camber by the machines of wealth
Gone sad turntable gone out of doors

Peter veo los montones de escoria de
South Wellington de mi abuela
Los bucólicos bosques de mi niñez estaban llenos de
Enormes tocones de hace cien años
De un antiguo bosque talado como oro colonial
Nada es puro salvo nuestra añoranza
En todo lugar lo que está *bajo* tierra
Es mucho más valioso que lo que está *sobre* ella

En algún lugar hay un camino en casi constante
Construcción y no se puede caminar
Sobre él o hacia él pero uno puede verlo,
Sus desgastados conos naranja para tráfico y
Oxidadas máquinas amarillas que se tambalean,
Desde unas vías del tren donde los tirafondos y rieles
Se quitaron hace mucho

Tal vez un perro del color de tus fotografías
De otoño te acompaña tal vez
Los montones de escoria de los sistemas productivos del pasado
Se pasean oscuros y premonitorios justo
Detrás de la línea de alisos tan recientes
Como la renta del último mes

Qué función tiene este pedazo de terreno Peter qué función
Si no lo cosechamos arrancamos flores silvestres
Para jugueteos de pleno verano comunes aun
Estas tierras comunales insostenibles
O como las veletas nos volteamos
Rechinamos a partir del viento las palabras que quitan temporalidad
Vamos nosotros mismos a repeler sabidurías
Y le sacamos la vuelta a las máquinas de riqueza
Partió triste tocadiscos partió al exterior

O Nanaimo wasteland memories here
On the brief crease of earth's crust we name beauty
Life if you'd like to know is the capture of carbon
From carbon dioxide via photosynthesis

This same carbon synthesized in
The giant hearts of stars taken up
Here on earth by cyanobacteria
Making their bodies from star carbon
And releasing oxygen so that
The evolution of plants increased
The long-term stability of the earth's climate
Making it more amenable to
Complex life— as inside our cells
Mitochondria and chloroplasts are
Endosymbionts—they once existed
As autonomous organisms outside of us
Their carbon is now our carbon meshed
Was sunlight was stars is no
           Fancy to *extend the obligation*
Of gratitude to insensate things
Citizen prokaryote also proclaiming
From barricades of micro scale
We are all in this together

Even here in Grasmere
Grasmere of eternal dreams I gaze upon
Climbing back down from Silver How
The lake mirrored below
And birds—even if they are just Jackdaws—
Even if they do not possess the sky
But inscribe its variable volumes
In multiple intersecting circular arcs
Through aerial groves sprint lightning
Still they are scattered by

Oh recuerdos del páramo de Nanaimo aquí
En el breve pliegue de la corteza terrestre que nombramos belleza
La vida por si quieres saber es la captura del carbono
Del dióxido del carbono por fotosíntesis

Este mismo carbono sintetizado en
Los corazones gigantes de las estrellas absorbidos
Aquí en la tierra por cianobacterias
Forman sus cuerpos del carbono de las estrellas
Y liberan oxígeno para que
La evolución de las plantas haya incrementado
La estabilidad a largo plazo del clima de la tierra
Haciéndolo más ameno para
La vida compleja, como dentro de nuestras células
Mitocondria y cloroplastos son
Endosimbiontes, alguna vez existieron
Como organismos autónomos fuera de nosotros
Su carbón ahora es nuestro carbono mezclado
Érase la luz del sol éranse las estrellas no es
        Capricho *extender la obligación*
De aprecio a cosas sin sentido
Ciudadano procarionte que también proclama
Desde las barricadas de microescala
Todos estamos juntos en esto

Aún aquí en Grasmere
Grasmere de sueños eternos al que contemplo
Cuando desciendo de Silver How
El lago reflejado abajo
Y las aves, aún si solo son grajillas,
Aún si no poseen el cielo
Pero graben sus volúmenes variables
En múltiples arcos circulares entrelazados
Por huertos aéreos de acelerados relámpagos
Aún así se esparcen mediante

A keening crackling sky-splitting roar
Coming across the fells as first one
Then a second fighter jet
Hurtles through the vale
On Empire's valley manoeuvres
Tipping wing on edge to remind
Again there is no retreat or retirement
Only fire and the setting of fire itself on fire

—Grasmere, June 21-25 2015

Un audaz y crepitante rugido que parte el cielo
Pasa las colinas primero uno
Después otro avión de combate
Atravesando el valle
En maniobras del valle de Empire
Ladea el ala sobre el borde para recordar
De nuevo que no hay marcha atrás ni retirada
Solo fuego y el acto de encender el fuego mismo

—*Grasmere, 21-25 junio 2015*

Thomas Walton

THE CHANGE

we're getting good at this
carving pumpkins
we set them out
on the front stairs
lit the candles, then
stood back to admire
the change, that
strange, simple magic
the sky turned
pink, orange
we watched all night
for weeks we watched
the glowing gourds giggle
for months
long after the rot and
rats had
nibbled out our heads
our mouths sagging closed
the crows no longer tempted by our
lost geometries
the crown long fallen
soft as nerf or
morning haze, I
remember when you
first cut me open
the long knife
in my skin,
my first glimpse, the smell
of your breath
the other heads beside me
and then at last you
cut wide my mouth and
let me sing

Thomas Walton

EL CAMBIO

cada vez somos mejores en
esculpir calabazas
las colocamos en
las escalinatas de enfrente
encendimos las velas, después
nos alejamos para admirar
el cambio, aquel
extraño, simple acto de magia
el cielo tornóse
rosa, naranja
las vimos toda la noche
durante semanas vimos
esas coruscantes calabazas carcajear
durante meses
mucho después de que lo podrido y
las ratas habían
mordisqueado nuestras cabezas
nuestras bocas se desdibujan para cerrarse
los cuervos ya no están
tentados más por nuestras
geometrías perdidas
la corona caída hace mucho
suave como pelota de esponja o
bruma de mañana,
recuerdo cuando por primera
vez me abriste
el largo cuchillo
en mi piel
mi primer destello, el olor
de tu aliento
las otras cabezas junto a mí
y después por fin
tajaste a lo ancho mi boca y
me dejaste cantar

WHY DO THE THINGS YOU DO

salmon wait in a
shallow pool
gathering strength
to run the cobbled rill
up to where a
shallow pool
waits for them
gathering strength
to run the cobbled rill
down to where a
shallow pool
waits

POR QUÉ HACER LAS COSAS QUE HACES

el salmón espera
en una poza poco profunda
reúne fuerzas
para ir por el riachuelo empedrado
cuesta arriba hasta donde
una poza poco profunda
lo espera
reúne fuerzas
para ir por el riachuelo empedrado
 cuesta abajo hasta donde
una poza poco profunda
espera

JUST THE THING

I can tell you what I need is
one of those empty autumn
tree-lined streets Tacoma seems
excellent at
offering on
clear wizened mornings walking
down the hill
to find Brautigan's house
shining like a
tiny fleck of torn glitter
in the sour air
of the omniscient mill

JUSTO LO NECESARIO

Te puedo decir que lo que necesito es
una de esas calles vacías arboladas
de otoño que Tacoma, parece,
ofrecer
de manera genial
en las despejadas y agostadas mañanas para caminar
calle abajo
buscando la casa de Brautigan
que brilla como
una motita de brillantina suelta
en el agrio aire
del molino omnisciente

COLLABORATION

the dog and I walked along
the gravel road leading through
the little stretch of wood
before you get to the barn

the dog and I were discussing the
pros and cons of "wood, woods
forest, glenn, copse, swatch
stretch, thatch, swath, brush,

bush, thicket, gather, swale"
we agreed (I think)
that none of these satisfactorily
described the way we felt that day

that instant in the dim marrow
the moss obfuscating
us, a light mist, lightness
 slug-slow digesting us

COLABORACIÓN

el perro y yo caminamos por
el camino de grava que atraviesa
la pequeña franja de bosque
antes de llegar al granero

el perro y yo hablábamos de los
pros y contras del "bosque, boscaje
bosquete, bosquecillo, arbolado, arboleda,
arbolada, arboledo, foresta, floresta

monte, matorral, soto, zanja"
y convenimos (me parece)
que ninguno de estos describía satisfactoriamente
cómo nos sentíamos ese día

ese instante en la tenue médula
el musgo nos
ensombrecía, una brisa ligera, ligereza
que lenta como babosa nos digiere

José Kozer

LECTOR VIGENTE

Pasé la tarde calculo cinco horas leyendo a Luciano
ninguneando a Laterano,
dios protector del fuego
del hogar, a Mellonia
amparando la apicultura,
los considera dioses
menores (como si
hubiera tal cosa): lectura
que me llevó de lar
(Santos Suárez) en lar
(La Víbora) pasar frío
en Forest Hills, Kew
Gardens, ponerme y
quitarme las botas de
caña alta de invierno,
el abrigo de astracán,
salir a comprar un
cuartillo de leche
para las niñas,
temperatura ambiente
quince grados su madre
Fahrenheit: acurrucarme
a un brasero eléctrico,
prender la estufa, olor
a leña, leñera, el robledal
de donde vuelvo cargado,
y las choperas: en Portugal
los alcornoques
descortezados, la chimenea
de palastro y la de porcelana
(Villa Waldberta, Feldafing):

José Kozer

PRESENT READER

I spent the afternoon about five hours reading Lucianus
looking down on Lateran,
protective god of the hearth
fire, on Mellonia
sheltering the apiculture,
he considers them lesser
gods (as if there were
such a thing): reading
that took me from hearth
(Santos Suárez) to hearth
(La Víbora) feeling cold
in Forest Hills, Kew
Gardens, putting on
and taking off the
high winter boots,
the astrakhan cloak,
going out to buy a
pint of milk
for the girls,
room temperature
fifteen insane degrees
Fahrenheit: huddling next
to an electric heater,
turning on the stove, smell
of firewood, woodshed, oak grove
from where I return carrying a load,
and the poplar grove: in Portugal
the cork oaks
without bark, the fireplace
made out of sheets of metal and ceramics
(Villa Waldberta, Feldafing):

revellon y badíla, tenazas,
y el morillo que luego me
hacía recordar las afueras
de Saltillo, dos meses en
aquel lugar por donde
pasó Cabeza de Vaca
(Alvar Núñez) y a mi hija
Susana la asustaron los
membrillos frutecidos en
los árboles, y el canto de
las tórtolas: las colmenas,
entrar y salir por las
piqueras las abejas
machiegas, obreras,
zánganos de dos
cabezas y doce pares
de patas (peludas)
ponerme careta, velo,
gruesas manoplas de
burda guata, mostrarle
a la niña celdillas, cera
aleda, la miel virgen,
el hidromiel pagano,
y hacerla por fin reír,
no se cómo (tal vez
leyéndole Apuleyo:
imposible, sólo tiene
seis años, criatura):
Hotel El Morillo, el
huitlacoche, una
nación que huele
a maíz (yo era joven
y olía a esperma) un
pueblo con trescientas
sesenta y cinco iglesias,

feast and scoop, thongs,
and the andiron that later
made me remember the outskirts
of Saltillo, two months in
that place where
Cabeza de Vaca passed by
(Alvar Núñez) and my daughter
Susana was frightened by the
fructified quinces in
the trees, and the song of
the doves: the beehives,
coming and going through
the entrances the queen
bees, workers,
bi-headed drones and twelve
pairs of legs (hairy)
wearing a face mask, veil,
thick gloves
with coarse padding, showing
the girl the cells, wax,
aleda, pure honey,
the pagan mead
and finally making her laugh,
I don't know how (maybe
by reading her Apuleius:
impossible, she is just
six years old, child)
Hotel El Morillo, the
huitlacoche, a nation
smelling of corn (I was young
and smelled of sperm) a town
with three hundred and sixty-
five churches,
flashy colors
unpainted façades.

colores chillones,
fachadas sin pintar.
Y aquel viejo de
Tlayacapan que me
habló de una casa de
adobe donde pasar los
días tristeando, vaticinó
moriría el día de los
santos inocentes, y
que él y yo éramos
de la raza porque
ambos hablábamos
español.
Entra en escena Afrodita, velos de colores (arco iris
doble) bailando nupcias
con los espejos, el agua
sobria de lagunas donde
vestida se refleja en
brazos (desnuda) de
Ares: va a seducirlo a
escondidas del Cojo,
y no sólo cojo y
patizambo sino mal
aliento del aceite
rancio, el carbón y
el ajo mezclado con
vino peleón, la rabia
del cornudo entre
las patas (no todo
dios caído es digno
de lástima): Hefaistos
(Hefesto) incapaz de
herrar un caballo, y el
rijoso de Ares pide que
lo desnuden (leo) llega

And that old-timer from
Tlayacapan that
told me about a house
made of adobe where one
can spend the days being sad, he predicted
he would die on
holy innocents' day, and
that he and I belonged to
the same people because we
both spoke
Spanish.
Aphrodite comes onstage, veil of colors
(Double rainbow)
doing the wedding dance
with the mirrors, the solemn
water from lagoons where
dressed she is reflected in the
(naked) arms of
Ares: she is going
to secretly seduce him
away from Hephaestus (the Lame)
and not just lame and
knock-kneed but with
bad breath from the
stale oil, the charcoal and
the garlic mixed with
cheap wine, the rage of
the horned one between
the legs (not all fallen
gods are worthy of
pity): Héphaistos (Hephaestus) incapable
of shoeing a horse, and the
infuriated Ares ask to
be undressed (I read) he arrives
exhausted from the battle

extenuado de la guerra,
cae en lecho perfumado,
 Afrodita dispuesta y (leo)
Ares cierra los ojos,
resuella como animal
de carga, y duerme
roncando. Dejo el libro
entre las Gracias, las
jóvenes de Biblos, y
las rojas rameras de
Babilonia. Té negro.
Pan tostado. Queso
manchego. Reposo.
Me duelen los ojos,
dos telarañas velan, de tanto leer, sin
pestañear. He vuelto.
En conjunto, opino,
que he vuelto. El libro
en la repisa, la cama
destendida, la hora
en su lugar digital.
Palestrina en el
tocadiscos (reposo)
en toda la habitación:
escritorio, silla, librero,
ni un solo dios, Pomona
ya fructificó (la he
digerido) Ceres cedió
su hogaza candeal y
Proserpina, oráculos
(que desatiendo).
Prefiero Lucrecio a
Luciano, Burckhardt
a las hagiografías,
chisporrotear (ascuas)

falls in the perfumed bed,
Aphrodite willing and (I read)
Ares closes his eyes,
panting like a pack animal,
and sleeps
snoring. I put the book away
between the Charites and
the youth from Byblos, and
the scarlet whores from Babylon. Black tea.
Toast. Manchego
cheese. Rest.
My eyes hurt,
two spider webs watch,
from so much reading,
without blinking. I have returned.
All in all, I think,
that I have returned. The book
on the shelf, the bed
unmade, the hour
in its digital case.
Palestrina in the
record player (resting)
in the entire room:
desk, chair, bookcase,
not a single god, Pomona
has already born fruit (I have
digested her) Ceres gave away
her millet loaf and
Proserpine, oracles
(that I ignore).
I prefer Lucretius
to Lucianus, Burckhardt
to hagiography crackling (ember)
firewood (cinders)
to the air conditioning,

la leña (rescoldos) al
aire acondicionado,
y por encima de todo
las horas de silencio
casi (casi) monástico
de casa: y haber
almorzado a solas
con Guadalupe (doce
y treinta a una y pico)
rabirrubia al horno,
acelgas rehogadas,
hoy nos dimos el lujo
de comer *mochi de
azuki*, ¿a qué privarnos?

and above all
the hours of silence
almost (nearly) domestic
monastic: and having
lunched alone
with Guadalupe (twelve
thirty to one something)
roasted yellowtail,
sautéed chard,
today we indulged ourselves
by eating *azuki mochi*,
why deprive ourselves?

Claudia Castro Luna

from KILLING MARÍAS

María

Somos todas una
protégenos madrecita

We are all one
in your image made
hermanas
linked, backstitched
to the edge of your brilliant robe

Like you
we have aureolas
smooth and nipples hard
like you
we have a nested swallow cave
and a life-giving cut

All about you
is harmonious and divine
nacre of the deepest ocean
star of purple skies
your divinity surges
inside each of us

Claudia Castro Luna

María

We are all one
protect us sweet mother

Somos todas una
a tu semejanza hechas
sisters
unidas, cosidas por atrás
a la orilla de su brillante falda

Al igual que tú
poseemos suaves
areolas y tiesos pezones
al igual que tú
tenemos una cueva anidapájaros
y una hendida que engendra vida

Todo de ti
es armonía y deidad
nácar del más hondo océano
estrella de cielos purpúreos
tu divinidad surge
dentro de cada una de nosotras

MARÍA ISABEL HUG OF THE EARTH

Pensive they sit on telephone wires like apparitions from the beyond. Winged creatures, evolutionary mutants, birds habit in two worlds. They sing with breath of the living and stain wing tips with death's dust. When bodies get buried, souls climb to the heavens. Birds greet these newly dead on their way up where there are no harsh edges, no adrenaline, only time. Bird, bird is. Blissful and plaintive, birds sing on earth, sing in heaven, the same songs.

MARÍA ISABEL, ABRAZO DE LA TIERRA

Pensativas se sientan en los cables de teléfono como espectros del más allá. Criaturas aladas, mutantes evolutivos, las aves habitan en dos mundos. Cantan con el respiro de lo vivo y maculan la punta del ala con el polvo de la muerte. Cuando entierran los cuerpos, las almas trepan a los cielos. Las aves saludan a estos nuevos muertos en su ascenso donde no hay ásperos bordes, ni adrenalina, solo tiempo. El ave, ave es. Dicha y melancolía, las aves cantan en la tierra, cantan en el cielo, los mismos cantos.

MARIA DE JESUS MOTHER OF WEEPING ROCKS

It starts early
before you learn to speak
even before
you leave the hospital
in your mother's arms
that your body is not your own
that women's paychecks are cut short
that women's wombs remain law controlled you'd think after all these years
things would be different
the pink that casts your gender
a diaphanous cage
passing as rosy charm
a fine chainmail
to be worn at all times

MARÍA DE JESÚS, MADRE DE LAS ROCAS LLOROSAS

Empieza temprano
antes de que empieces a hablar
aún antes
de que salgas del hospital
en los brazos de tu madre
que tu cuerpo no es tuyo
que recortan los salarios de las mujeres
que los úteros de las mujeres están bajo control legal
uno pensaría que después de todos estos años
las cosas serían diferentes
el rosa que presagia tu género
una jaula diáfana
que pasa por rosa encantador
una fina cota de malla
que se lleva puesta siempre

MARÍA ELENA THRONE OF WISDOM

The one who shot you María
is not son-of-a-bitch
whores birth tenderness
like the rest of us
with a slit between our legs

MARÍA ELENA, TRONO DE SABIDURÍA

El que te disparó María
no es un hijo de perra
las putas paren ternura
como el resto de nosotras
con una hendida entre las piernas

Tamara Kamenszain

FRAGMENTO DE: EL LIBRO DE LOS DIVANES

No son tan cool los museos en Berlín.
Por los pasillos estrechos del Memorial del Holocausto
los chicos juegan a las escondidas.
¿Eso está mal? No creo no creo
no creo en nada pero tal vez
jugar libere de trabajar ARBEIT MACHT FREI
es una frase que ya le pertenece a los museos.
El anhelo self made de mis padres
los había confinado a declarar "fatiga"
porque sabían que un asmático en un campo de trabajo
no sirve para nada. Ellos que se hicieron solos
colgaron sus diplomas en una oficina a estrenar
para que mis abuelos laburantes sin titulo
pudieran alcanzarlos.
Pero no todo es tan lineal no todo es tan realista
a mí por ejemplo nadie me *doctoró*
mi currículum actualizado se ahoga
en un frasco de perfume de free shop.
Cómo es posible que los abuelos hayan remado tanto
para que yo ahora no me reciba de nada y encima
le eche la culpa al jet lag que me va fatigando
siempre por la misma ruta predecible:
psicoanálisis, literatura, teoría, política es el viaje
del que una y otra vez me bajo, ya lo dije,
con la cabeza quemada.
Los artistas presos en Terezín
hicieron dos tipos de dibujos:
los que el Reich les exigía para promocionar los campos
y los prohibidos que ellos escondían
entre sus ajados bártulos.
Dos caras de la realidad. ¿Cuál es la más realista?
Porque ellos parecían tener muy claro que el fin de sus vidas
iba a ser también una profecía del fin del mundo.
Por eso y sólo por eso trabajaron con copia:
debajo de la ficción forzada que les impusieron,

Tamara Kamenszain

EXCERPT FROM: THE BOOK OF COUCH

Museums in Berlin are not that cool.
In the narrow hallways of the Holocaust Memorial
kids are playing hide and seek.
Is that wrong? I don't believe so, I don't believe so
I don't believe in anything but perhaps
playing frees us from working ARBEIT MACHT FREI
is a phrase that now belongs to the museums.
My parents' self-made desire
had confined them to proclaim "fatigue"
because they knew that an asthmatic person in a labor field
is useless. They were self-made and
hung their diplomas in a brand-new office
so that my working-class grandparents without degrees
could attain them.
But not everything is so lineal not everything is so realistic
no one *doctored* me for example
my updated résumé is drowning
in a perfume bottle from a duty-free shop.
How is it possible for my grandparents to have worked so hard
for me not to be able to get a degree in anything and on top of that I
blame the jet-lag that is making me tired
always taking the same predictable route:
psychoanalysis, literature, theory, politics is the journey
from which I disembark over and over, as I said,
burned out.
The imprisoned artists of Terezín
made two types of drawings:
the ones that the Reich ordered them to make to promote their camps
and the banned ones they hid
among their tattered belongings.
Two faces of reality. Which one is more realistic?
Because they seemed to clearly see that the end of their lives
was going to be a prophecy about the end of the world.
For that reason and that reason only, they worked with copies:
underneath the forced fiction imposed on them,

en el íntimo carbónico de sus papeles privados,
encontraron por asociación libre una vía regia
un agujero freudiano de salida.
Así desmintieron la frase nefasta
porque ningún trabajo libera salvo que nada ni nadie
nos obligue a hacerlo.
Yo a esta altura de mi vida
me siento obligada a ser clara
aunque nada ni nadie me lo pida.
En un poema de 1986 me puse oscura
para decir algo que ahora
diría de otra manera.
Transcribo parte de ese poema con el único fin
de poder usar de nuevo sin avergonzarme
la palabra sujeta:
"Se interna sigilosa la sujeta
en su revés, y una ficción fabrica
cuando se sueña." *
Para mí lo urgente a esa edad era
graduarme de mí misma retener
como diploma de adulta mi nombre propio
en una celda impersonal.
Para eso tuve que recurrir a la tercera persona
como si en verdad los sueños de la otra
los pudiera descifrar Tamara.

Los artistas de Terezín en la noche oscura de los barracones
dibujaron con carbonilla sus verdaderos rostros demacrados
usaron la persona del autorretrato esa primera en espejo
que persigue a los pintores.
La otra, la obligada por el Reich
les imponía fabricar una ficción
donde la lírica y la épica coincidieran:
un mundo sin judíos hambrientos
un mundo sin ellos.

---

* *Quoted fragment originally translated by Cecilia Rossi*

in the intimate carbon of their private papers,
they found by free association a *via regia*
a Freudian hole of departure.
That is how they disavowed the awful phrase
because no work makes us free unless no one and nothing
forces us to do it.
At this point in my life
I feel like I should be clear
Even though no one at all is asking me to be.
I was vague in a poem in 1986
Saying something then that
I wouldn't say the same way now.
I am transcribing part of the poem just so
I can use the word 'subjected she' again
Without being embarrassed:
"Sneaking the subjected she
into her reverse she forges a fiction
when she dreams herself." *
It was so important for me at that age
To be able to graduate from myself to keep
My own name as a diploma of adulthood
In an impersonal cell.
Which is why I had to resort to the third person
As if in reality the dreams of the other
Could be analyzed by Tamara.

The Terezín artists in the darkened night of the barracks
drew their true emaciated faces with carbon
they used the self-portrait person that first person in mirrors that chase
after painters.
The other one, the one forced by the Reich
required them to create a fiction
where the lyricism and the epic coincided:
a world free of starved Jews
a world without them.

---

* *Quoted fragment originally translated by Cecilia Rossi*

Shin Yu Pai

CHIBI*

in the vintage footage
Old Blue Eyes calls her
"Patricia" insisting

> "You can't get anywhere as a singer unless you're Italian."

But Frank, I'm Japanese
she protested, *I'm from Seattle*

the home she chose

It was the easiest of times, you know.
I didn't have any responsibilities.

* * *

at the age of eleven,
little Chiyoko, the All-American girl

sent packing to the High Plains
locked up at Granada War Relocation Center,

for the crime of being
descended from the Japanese

states away from the family farm in Cressey,
to be imprisoned with three older sisters

her parents, only six years of elementary schooling
behind her, news of the outside world

CHIBI*

en las antiguas imágenes
El Viejo Ojiazul la llama
"Patricia" insiste

"No llegarás a ninguna parte como cantante a menos que seas italiana"

Pero Frank, soy japonesa
protestó ella, *soy de Seattle*

el hogar que ella eligió

Fueron los tiempos menos complicados, sabes.
No tenía responsabilidad alguna.

* * *

cuando tenía once años,
la pequeña Chiyoko, la niña All-American

la expulsaron a las Altas Planicies
para ser encerrada en el Centro de reubicación de la Guerra de Granada,

por el crimen de ser
descendiente de japoneses

a estados de distancia de la granja familiar en Cressey,
para ser puesta bajo prisión con las tres hermanas mayores

sus padres, con solo seis años de educación básica
cursados, las noticias del exterior

filtering into camp over air waves,
in between radio transmissions

of swing and big band
How does suffering shape a life?

Behind barbed wire,
imprisoned children grew up

to be poet, printmaker, nightclub singer
Lawson [Inada], Arthur [Okamura], Pat [Suzuki]

the record reaching back
so far, we strain to hear the past

                                        * * *

in place of cooking or setting
the table, kids play house standing
in imaginary mess hall lines

   over camp, boy scouts raise
   the flag, pledging a country
   that has shunned us

thin-walled tar paper
barracks can't block the biting
chill of winter

   floating over barbed wire
   the jade rabbit *pounds*
   mochi in the full moon

se filtran en el campo a través de ondas de aire
entre radiotransmisiones

de swing y de las grandes bandas
¿Cómo el sufrimiento moldea la vida?

Detrás de la alambrada de púas
los niños encarcelados se convirtieron

en poeta, impresor, cantante de cabaré
Lawson [Inada], Arthur [Okamura], Pat [Suzuki]

el relato se remonta tan
lejos, que nos esforzamos para escuchar el pasado

* * *

en lugar de cocinar o poner
la mesa, los niños juegan a la casita de pie
en filas en un comedor imaginario

en el campamento, los boy scouts izan
la bandera, juran por un país
que nos ha rechazado

las delgadas paredes de papel alquitranado
de las barracas no puede contener la punzada
del frío invernal

a flote sobre la alambrada de púas
el conejo de jade *aporrea*
el mochi en luna llena

107 deaths, 412 births
7,500 prisoners – the makeshift city
tenth largest in Colorado

    Boy's Day: fish streamers
    fly over barracks, the largest carp
    to honor an oldest son

the silk vest handmade for
a boy's deployment, 1,000 red knots,
each hand-tied by a different detainee

    six guard towers armed
    with machine guns—here
    or our "own safety"

wheezing from fever
she reshapes the mattress — the canvas
bag stuffed full of hay

before razing the camp
the last act: building a marker
for *the dead*

* * *

as "SUZUKI" she "arrived" in Seattle

performing at The Colony Club
in two thousand consecutive shows,

her ex-husband Norm described
how she sashayed off the street,
a half-pint gamin(e) at 22-years-old

107 muertes, 412 nacimientos
7,500 prisioneros, la ciudad improvisada,
la décima más grande de Colorado

    Día del niño: serpentinas de pescado
    vuelan sobre las barracas, la carpa más grande
    para honrar al hijo mayor

el chaleco de seda hecho a mano
para la partida del niño, 1,000 nudos rojos,
cada uno anudado a mano por un prisionero distinto

    seis torres de vigilancia armadas
    con metralletas, colocadas
    para nuestra "propia seguridad"

resuella por la fiebre
ella recompone el colchón, el saco
de lona relleno de heno

    antes de arrasar con el campo
    el último acto: construir un monumento
    para *los muertos*

* * *

"llegó" a Seattle como "SUZUKI"

presentándose en El Colony Club
en dos mil shows consecutivos,

su exesposo Norm contaba
cómo ella entró contoneando de la calle,
muchacha de media pinta, a los 22 años

decamping from a bit part
at the Moore— where she was cast
 as a minor Oriental in
Teahouse of the Autumn Moon

after touring Kansas City, St. Louis, Los Angeles

to take up residency in Belltown,
discovered one night by Bing Crosby

"Miss Ponytail"

she was Seattle's *first* musician to make it big

"100 pounds of Nisei dynamite with a voice
that could loosen the tiles on Broadway's towers"

from 4th & Virginia to Broadway, New York
a recording contract within six months, to be cast

three years later in the role of Linda Low,
the stripper in *Flower Drum Song,*

her signature tune, "I Love Being a Girl"
we question why a rising star might quit
a bright career in New York theater

preferring Podunk clubs or motherhood
over art—she embraced the person that she always was

turned away from the defining roles that keep us captive:
sex toy, servant, exotic, mistress, chorus girl, internee

esfumándose de un pequeño papel
en el Moore, le dieron el pequeño
papel de una oriental en
La casa de té de la luna de agosto

después de irse de gira a Kansas City, San Luis, Los Ángeles

se asentó en Belltown,
descubierta una noche por Bing Crosby

"Miss Ponytail"

fue la *primera* artista musical de Seattle en triunfar

"100 libras de dinamita Nisei con una voz
que podía aflojar los mosaicos de las torres de Broadway"

de la 4a Avenida y Virginia a Broadway, New York
un contrato por un disco en seis meses, a ser seleccionada

tres años después para representar el papel de Linda Low,
la stripper en *Flor de loto,*

su canción representativa, "Me encanta ser una chica"

nos preguntamos por qué una estrella en ascenso renunciaría
a una brillante carrera en los teatros neoyorquinos

preferiría los clubes pueblerinos o la maternidad
al arte, ella se entregó a la persona que siempre fue

se alejó de los papeles definitorios que nos mantienen cautivos: juguete
sexual, sirvienta, exótica, amante, chica del coro, internada

to find herself at home in a cabaret
of her own making, that place where

she saw herself reflected in the pale white
faces of the public, where she shattered

stereotype, inhabiting her
skin; flush with more

than anyone from Camp Amache could ever dream

• Childhood name for Pat Suzuki who was the youngest of four
children; translates roughly as "squirt."

para encontrarse a sí misma en casa en un cabaré
de su propia hechura, el lugar donde

se vio reflejada en las caras pálidas
blancas del público, donde ella hizo añicos

el estereotipo, que vivía en
su piel; repleto

como nadie del Campo Amache lo pudo haber imaginado.

• Nombre de la infancia de Pat Suzuki quien era la más pequeña
de cuatro hijas; se traduce más o menos como "chaparrita."

Soleida Ríos

POPULUS TRÉMULA

por G.
a Amelia C., Yadira y Carina Maguregui

En la noria
entre los cangilones
de la noria
salimos
entramos
volveremos a entrar
de lleno (azoro)
al agua seca.

Siete gajos de álamo temblón
solos, dibújanse...

Entretiene la testa
un airecillo (cuaresma)
singular. Ala
dentadura canina, ojos de miel
entre los cangilones de la noria
miraba acaso nubes, arabescos...

Y entre los cangilones de la noria
ver de pronto siete gajos
de álamo temblón (azotar
azotar)

hacer el árbol
y ver el árbol ay multiplicado
crear la encrucijada. Y ver
siete pares de álamos temblones
(azotar)

Soleida Ríos

POPULUS TREMULOIDES

by G.
for Amelia C., Yadira and Carina Maguregui

At the water wheel
among the buckets
of the water wheel
we leave
we enter
we will enter again
plunging into (stupefaction)
 the dry water.

Seven cuttings of a quaking aspen
each alone, appear...

The testa entertained
by a light wind (lent)
singular. Ala
canine denture, honey eyes
among the buckets of the water wheel
seeing perhaps clouds, arabesques...

And between the buckets of the water wheel
to suddenly see seven cuttings of
a quaking aspen (thrashing,
thrashing)
to make the tree
and see the tree oh multiplied
creating the crossroad. And see
seven pairs of quaking aspens
(thrashing)
shaking Wednesday 's ashes

sacudir las cenizas del miércoles.
Y
el cuerpo de Ala, dulcenombre
atado a la cadena
succionado, pujar temblar irse
ir cayendo
caer
enterrarse
en el basto engranaje
de la noria.

Y ver casi al instante (pánico)
un
       extraviado
             surtidor.

Es Cuba y Amargura, calles
de otrora, sombreadas hoy
(cenizas, verde y humo)
por siete pares de álamos temblones.

Lágrima ay del corazón
loto cerrado.

Es Cuba y Amargura: *San Francisco de Asís*
da de comer [...] a toda clase de aves sigilosas,
no hace mucho despavoridas. *

10 de junio, 2011
* José Kozer.

And
the body of Ala, sweetname
tied to the chain
sucked, pushing trembling going
falling over
to fall
burying itself
in the rough gear
of the water wheel.

And to see almost immediately (panic)
a
      lost
            fountain.

It is Cuba and Amargura, streets
from long ago, shaded today
(ashes, green and smoke)
by seven pairs of quaking aspens.

Tear, oh from the heart
closed lotus.

It is Cuba and Amargura: *Saint Francis of Assisi*
give sustenance to [...] to all types of stealthy birds,
not long ago startled. *

June 10, 2011
* José Kozer.

Clea Roberts

ANDANTE GRAZIOSO

The flooded ditches
have sealed with ice.

The morning light
comes later and later —

whispering and full of
dark threads.

I've decided to speak,
to release certainty,

to take winter's ravens
as my rowdy clerics.

The street lamps bend
to the crown of frost I make
just by breathing.

Clea Roberts

ANDANTE GRAZIOSO

Las cunetas inundadas
están selladas con hielo.

La luz matinal
llega más y más tarde,

susurra y llena de
filamentos oscuros.

He decidido hablar
para liberar la certeza,

para aceptar a los cuervos del invierno
como mis alborotados clérigos.

Las lámparas de la calle se doblan
ante la corona de escarcha que hago
con solo respirar.

THE FOREST

A cold stream,
a wooden cup.

There was no question
of where you would cross

or where you
would stop to drink.

And still I ask —
what brought
you to me?

The plain succor
of my axe cleaving
the distance?

The mischief of
new brome grass
at your knees?

-

The trees will count
all the years we've lived,
and then they will keep
on counting,

or fall down or be
felled, or burn
standing or in a stove,

EL BOSQUE

Un arroyo frío,
una taza de madera.

No había duda
sobre dónde cruzarías

o sobre dónde
pararías a beber.

Y todavía me pregunto,
¿qué te trajo
hasta mí?

¿El simple socorro
de mi hacha que divide
la distancia?

¿La travesura de
una nueva espiguilla
en tus rodillas?

-

Los árboles contarán
todos los años que hemos vivido,
y después seguirán
llevando la cuenta,

o caerán o serán
talados o quemados
de pie o en una estufa,

the fire a
bright prayer
releasing carbon,
all the words uttered,

our first exhale
and our last.

-

There will be the things
we have chosen to dwell
upon, and the things
we have chosen
to forget, as well as
the pine needles
caught in your hair,
our bodies cradled
in cacophonies
of wildflower and lichen.

But first there will be
intentions and mutability,
a study of light and clouds
through the treetops,
the subtle ways to give
ourselves completely.

The passing corvid, aware
of its reputation for intelligence,
will fly over,
clearing its throat.

el fuego una
radiante oración
que desprende carbón
todas las palabras dichas,

de nuestra primera y última
exhalación

-

Habrá cosas que
hayamos decidido darle vueltas una y otra vez
y cosas que
hayamos decidido
olvidar, así como
acículas de pino
atrapadas en tu cabello,
nuestros cuerpos acunados
en las cacofonías
de la flor silvestre y el liquen.

Pero antes habrá
las intenciones y la mutabilidad,
un estudio de la luz y las nubes
a través de las copas de los árboles,
las tenues formas
de entregarnos completamente.

El paso de un cuervo, consciente
de su reputación de inteligente
volará sobre nosotros,
aclarará su garganta.

RIVERINE

Where the Nisutlin grew shallow
and swift, we rested our

paddles on the gunwales,
only dipping them to steer.

We watched the riverbed,
the astonishing velocity

of the round, green boulders
passing beneath us,

and the red-backed spawners

slipping upstream through
the shadows cast by clouds.

And the kingfisher
we startled into flight, gliding

furtively from one sweeper to the next,
while the small bruin raised its snout

in the air, and catching our scent,
turned back into the forest

as we drifted by
and around the bend.

-

RIPARINO

Donde el Nisutlin se vuelve vado
y raudo, apoyamos nuestros

remos en la borda
solo los metimos para navegar.

Observamos el lecho,
la asombrosa velocidad

de las piedras redondas, verdes
que pasan por abajo,

y los engendradores dorsirojos

se deslizan contracorriente a través
de las sombras proyectadas por las nubes.

Y el martín pescador
que asustamos y vuela, planea

furtivamente de un barrendero a otro,
mientras el pequeño oso pardo levanta su hocico

al aire y al oler nuestro olor,
regresa al bosque

en tanto avanzamos a la deriva
y damos vuelta en el meandro.

-

Every night the wolves called
into the unreachable parts of us

and you laughed in your sleep.
It wasn't your usual laugh —

it belonged to the woman
who walked naked into the river

each morning, right to the top of her thighs,
and sunk down, purposefully,

kneeling on the soft gravel to bathe, to see
every heartache suddenly flattened

and carried away on the river's
sun-scalloped surface,

a driftwood fire
blazing on the shore.

Todas las noches el llamado de los lobos
entraba hasta aquellas partes inalcanzables de nosotros

y tú, reíste dormida.
No fue tu risa normal

pertenecía a la de la mujer
que entraba desnuda al río

todas las mañanas, hasta arriba de los muslos,
y se sumergía, a propósito,

arrodillándose en la suave grava para bañarse, para ver
cada pena aplanada de súbito

y llevado lejos en los soleados festones
de la superficie del río,

una fogata hecha con maderos arrastrados por la corriente
resplandece en la orilla.

Roger Santiváñez

ROMANCIERS

Donne chiavete intelleto d'amore
-Dante-

1

Manteles a cuadros se tornan camisa
Que coce & usa mi amiga en el altar
Principia la sonaja su oculta zarandaja

Pedazo de cúpula trastoca la caricia
Del sino recubierto de pasteles a
Las cuerdas de la guitarra más fina

Se extrañan los aires donde vuelan
Las lonjas aromadas de estirpe bruna
Encenderse en el dulce iris fascinante

Sumerge el humo humedecido este
Corazón crecientes memorias fingidas
Ante el sollozo frugal de aquella estrella

Aunque la ingrávida arboleda nos re
Pliega incógnita se expande barniz
Fluctuante & suaviza el despertar

Revierten los gozados escapes pren
Didos con zaguanes al borde ocasión
Del ocaso fonético forma mañanas

& mañas ceñidas en el ceño de Dios
Presagian el suspenso contradicho por
El paso sustancial de los esguinces

Roger Santivánez

ROMANCIERS

Donne chiavete intelleto d'amore
-Dante-

1

Checkered tablecloths are turned into shirts
That she prepares and wears at the altar
The gourd rattles its hidden *zarandaja*

A piece of cupola disrupts the caress
From fate covered pie to
The strings of the finest guitar

They miss the sensation where they glide
The fragrant flanks of sepia pedigree
To thrill in the sweet and fascinating iris

Submerged by the damp smoke this
Heart feigned rising memories
Before the sparse sobbing of a distant star

Although the weightless wood re-
Tracts concealed it expands polish
Fluctuating & softening the dawn

They return the relished escapes ig
Nited with entries on the verge reason
For phonetic decadence forms mornings

& vices gripped in God's grimace
Predict the suspense contradicted by
The essential step of the sprains

2

Cimbreantes copas alzadas a mi vista
Lanzan las memorias avecillas escritas
Con emulación parisina se acallan

Lunares insepultos concilian al compás
De la ilusión desnuda su porción
Irresuelta revelase impalpable as

Mática apreciada nocturna toca los
Pétalos que en la cornisa se aduermen
Buscando anclaje por tus pechos

Porque son lánguidos los bruñidos susu
Rros del melodioso silencio poco a poco
Conquistado en la condensación

De aquel rico pastel rasgando la
Crepuscular ambrosia al ocultarse
Idéntica luz con su azul misterio

Castellaniza el aire que se olvida
Si esta sombra se apercibe sola
Frágil insania provoca la lluvia

Cintilante & oscura sosiega el
Ansia que se fuga sin el tiempo
Apurando aliados nichos oxidados

2

Vibrating cups raised to my sight
Launch the little birds of recollection written
In Parisian mimicry they shush

Unburied moles harmonize the rhythm
Of the naked illusion their portion
Unsolved reveal impalpable as

Thmatic esteemed nocturnal touches the
Petals dozing in the cornice
Looking for moorage at your breasts

Because they are languorous the lustrous whisp
Erings of the melodic silence slowly
Captivated by the condensation

Of that delicious pie strumming the
Twilight ambrosia when hidden
Identical light with its mysterious blue

Castilianize the air that forgets
If this shadow is aware alone
Fragile insanity provokes the rain

Scintillating & dark soothes the
Yearning that escapes without time
Hurrying allied oxidized niches

3

No es dulce la mortaja posada
Sino fresca la canción deshojada
Pulcra aguja remonta su niñez

En la bella palidez de este verano
Recogerá su mano la distancia
Cuya sola fragancia enternece

Si amanece su caricia siendo
Albricias del amargo resplandor
Que en el candor refulge sin

Medida en alegre despedida
Que nadie prepara en la noche
Con roche de su puro deseo

Un mareo sensitivo de fanales
& arrabales también en la franca
Dimensión de la mañana

Volverá la tarde a ser de
Nada silenciosa rosa demu
Dada a soñar sin sueños

Alquimia de marfil me entierra
& se cierra en la sierra de mi
Padre allá en los fríos Andes.

3

It is not sweet the limp shroud
It is cool the barren tune
Neat needle overcomes its childhood

In the beautiful matte of this summer
Distance will take up again its hand
Whose fragrance alone mollifies

If its caress wakes as
Good news of bitter vivacity
That in candor shines without

Measure in joyful farewell
That no one prepares at night
Embarrassed by its pure desire

A perceptive dizziness of lanterns
& slums also in the frank
Dimension of the morning

The afternoon will return from being
Not at all soundless rose dumb
Struck to dream without dreams

Alchemy of ivory buries me
& constrains in the terrain of my
Father there in the frozen Andes.

Peter Munro

THE WIND'S MEASURE

The length of the wind runs from mid-May to murder.
The length of the wind runs from January through joy.
The wind runs as long as the right hand's first finger
points to the sun after thunder.
The wind gallops prayerward
like a horse held in the palm of a rock,
no taller than a knee bent for the sake of singing.
The wind weighs more than the fossilized horse and stretches from
fingernail to praise.
The length of the wind runs from mid-May to mercy, January through
justice.
Unto the broken, dwelling in a broken, promised land, the wind drops
a hammer
and some are warmed and some are chilled and some laugh and some die.
Silently through the nuclear physicist, the wind wicks
loud as paper-scraps trailing in the wind's wake,
igniting an empiricist, fragrant through tallow.
The wind strikes the wind like rice in a paddy.
The wind scatters petals like blossoms of napalm.
The wind snaps the backs of malnourished Conquistadores bowed down
to gold.
It is the wind who estimates poverty in moments by the method of
moments,
who assesses want in units of amass.
It is the wind who shakes America by the ovaries,
runs the length of revolution, all the calories in a dollar.
The length of the wind runts from mid-March to hunger.
The length of the wind grunts from Saturday through sorrow.
The wind flutters nothing but orgasms and afterplay.
The wind numbers seminarians more numinous than semen.
The wind is a mote on the wind.

Peter Munro

LA MEDIDA DEL VIENTO

La longitud del viento corre de mediados de mayo a la muerte.
La longitud del viento corre de enero al encanto.
El viento corre siempre y cuando el dedo índice de la mano derecha
apunte al sol después del trueno.
El viento galopa hacia la oración
como un caballo sostenido en la palma de una roca,
no más alto que una rodilla doblada en aras del canto.
El viento pesa más que el caballo fosilizado y se prolonga desde
la uña del dedo al elogio.
La longitud del viento corre de mediados de mayo a la misericordia, de
      enero a la ecuanimidad.
Sobre los despojados, que viven en despojada, tierra prometida, el viento
      suelta un martillo
y unos se calientan y otros se enfrían y unos ríen y otros mueren.
En silencio a través del físico nuclear, el viento seca
estrepitoso como recortes de papel rezagándose en el vestigio del viento,
enciende a un empírico, fragante por acción del sebo.
El viento golpea al viento como el arroz en un arrozal.
El viento esparce pétalos como retoños de napalm.
El viento parte las espaldas de los desnutridos conquistadores en reverencia
      ante el oro.
Es el viento el que calcula la pobreza en momentos por el método de
      momentos,
el que valora la necesidad en unidades de acaparamiento.
Es el viento el que sacude a América de los ovarios,
que corre cual larga es la revolución, todas las calorías en un dólar.
La longitud del viento se engarruña de mediados de marzo a la hambruna.
La longitud del viento refunfuña del sábado a la aflicción.
El viento ondea nada salvo orgasmos y postcoito.
El viento numera seminaristas más numinoso que el semen.
El viento es una mota en el viento.

The wind is the dust that measures time in footsteps.
The wind is the word in the throat of the dust.
The length of the wind runs from midwife to marvel.
The wind ribbons out within mid-May and mourning and dust
is the voice the wind whickers glory, the wind whickers grief.

El viento es el polvo que mide el tiempo en pasos.
El viento es la palabra en la garganta del polvo.
La longitud del viento corre de la partera al portento.
El viento contonea y acaba demediados de mayo y el lamento y el polvo
es la voz el viento relinchagloria, el viento relinchaduelo.

FITNESS VALUE OF BLIND FAITH

Dawn.
Two crows beat south.
Columns of cloud fly high and broken,
tilted to the north. I believe
something. Perhaps these crows
cry exaltations of beak, feather,
and worth, glossy and raw under
the rag-strewn sky, jostling the light
as it washes to earth, as if calling lauds
in some ancient code cracked from stone,
syllables gathered like nodes. That's what I want
to believe. I want hymns brimming
with praise from every molecule
of Creation. The two crows,
(on their grim course to kill
and be killed, two chemical reactions
winging south, two random scrims of hydrogen bond,
peptide, miracle curlicue of gene and trait
kinked in strung sequences),
bind themselves
in the strong tongue of survival,
a social pact in song bloody
as the light they row through,
their wings shouldered to their hulls like oars.
I belong to random whim.
I don't care.
I shall sing praise
for the maker of what is made,
wrong. Wrongly, I rejoice. Wrongly,
my hull brings full cargoes of psalms.
Wrongly, I love crows. Their wing
blows ring as this dawn bleeds to rose.

EL VALOR DE LA IDONEIDAD DE LA FE CIEGA

Alborada.
Dos cuervos aletean al sur.
Columnas de nubes avanzan altas y discontinuas,
sesgadas al norte. Creo
algo. Tal vez estos cuervos
graznan exaltaciones del pico, la pluma,
y del valor, brillosos y en carne viva bajo
el cielo lleno de trapos, que empuja la luz
mientras cae a la tierra, como si gritara laudos
a manera de antiguo código descifrado de la piedra,
sílabas reunidas como nódulos. Eso es lo que quiero
creer. Quiero himnos rebosantes
de elogio desde cada molécula
de la Creación. Los dos cuervos,
(en su lúgubre derrotero para dar muerte
y morir, las dos reacciones químicas
aletean al sur, dos gasas arbitrarias de hidrógeno unido,
péptido, floritura milagro de genes y atributo
rizado en secuencias enhebradas),
se unen entre sí
en el fuerte idioma de supervivencia,
un pacto social en canto sangriento
como la luz por la que reman,
sus alas unidas por los hombros a sus cascos a manera de remos.
Pertenezco al capricho azaroso.
No me importa.
En cantos alabaré
al hacedor de lo que está hecho,
mal. Equivocadamente, me regocijo. Equivocadamente,
mi casco trae cargamentos llenos de salmos.
Equivocadamente, amo los cuervos. Su batir
de alas suena en tanto esta alborada se desangra rosa.

BLEEDING COD

Gills sprung, some pop
when they kiss the crucifier.
Mouths trigger, huge as buckets,
bodies arch sideways all their length,
and every fin flares from pectoral to caudal.
Inboard from gaff and roller, the longline
crackles under strain, steadily threading its machined
narrows. Cod lips hit the slot, hooks rip free, leaving
cantilevers of jaw in ruin, and fish thresh crisply,
skidding the chute to the tank, lashing like little storms.
Ruptured up from depth, each crosses the rail
busted in its guts as gasses expand the swim-bladder
and blow mesentery, living gaskets torn, anal flues
breached, dying even as hydraulics crucify
by kiss. Circle-hook after circle-hook
wrenches from flesh and flesh
sloshes the bleeding trough.

Charles tips his blade into membrane ahead of the collar,
dividing blood from cod.
Miguel touches bright steel through a sluice
of crimson abaft the last gill raker.
Drew lifts an edge honed along fifty-eight degrees north,
slips it perpendicular to the isthmus,
working arc-wise right toward his own grip.
Operculum rifts from pectoral girdle
when Matthew's knife-hand sighs through
as if to release light glyphed in a red spurt.

BACALAO DESANGRADO

Las branquias resortean, algunas truenan
cuando besan al crucificador.
Las bocas se disparan, enormes como baldes,
los cuerpos se arquean de lado cuan largos son,
y cada aleta abanica desde la pectoral a la caudal.
Hacia el interior desde el arpón y banda, el palangre
cruje bajo con el esfuerzo, enhebra sin parar sus canales
maquinados. Los labios del bacalao tocan la ranura, los anzuelos
        desgarran libres, dejan
arruinadas ménsulas mandibulares y los peces se sacuden agudos,
derrapándose por el canal hacia el tanque, se azotan a manera de
        diminutos vendavales.
Rotos desde la profundidad, cada uno cruza el riel
con intestinos estropeados cuando los gases inflan la vejiga natatoria
y revientan el mesenterio, vivas juntas desagarradas, conductos anales
traspasados, mueren mientras la hidráulica crucifica
con un beso. Anzuelo circular tras anzuelo circular
arrancado de la carne y la carne
chapotea la artesa que sangra.

Charles inclina su navaja en la membrana por delante del cuello,
divide la sangre del bacalao.
Miguel toca acero brillante a través de un canal
carmesí de popa de la última branquiespina.
Drew levanta una hoja afilada unos cincuenta y ocho grados norte,
la desliza perpendicular al istmo,
la trabaja describiendo un arco hacia su propio agarre.
El opérculo se rompe de la cintura escapular
cuando el cuchillo de mano de Matthew exhala
como si dejara escapar la luz glifo en un chorro escarlata.

Shift relieves shift.
The inclined conveyor grinds to starboard.
Mist, frosted adrift of its plate freezer, slews
outboard, swaddles the bleeder, then separates.

Sometimes blood, dead for hours and pooled
in the heart sac, suddenly blackens the trough,
plumed somber as predawn tilted cold
upon metal smelted to sheet and weld.
Sometimes still-living blood pelts
like stormlight loosed from its furnaces
and drawn gusty under nimbus, decrypted, unflumed
from the large-bore artery charged by the gills.
Scarlet curdles to steelwork until the deck hose
peels color away, flushed to the sumps.
At last, a few twitches of muscle,
the cod pumping out as it rides prongs
up the conveyer, final crimson
frayed and hanging in scraps, clotted and swaying
from the grating of the belt, blood-shreds
draped over bolt-heads like some wrecked lace
once knotted from a thread
spindled alive
out of the dark of a world
unseen, the axle of which turns unseen.

At the end of his sixteen hours,
Charles gazes past his left hand,
a claw drawn to.
His left elbow hitches sharply,
recalling every broken jaw, every neck plate
forced and parted. Stiff ligaments
articulate a body of law spoken in salt,
a story of sea chamber and torn aorta
and muscles knotting in his lower back. A legacy

El turno releva al turno.

La banda inclinada tritura a estribor.

El rocío, gélido a la deriva de su congelador de placa, da la vuelta
fuera de borda, envuelve el purgador, luego separa.

A veces la sangre, inerte durante horas acumulada
en el pericardio, de súbito ennegrece la artesa,
emplumada sombría mientras el antelucano se ladea frío
sobre el metal fundido a la lámina y soldadura.
A veces la sangre aún viva bombardea
como luz de tormenta desatada de sus hornos
y vuelta ráfagas bajo nimbos, descifrados, descanalizados
de la arteria de gran calibre cargada por las branquias.
Lo escarlata se cuaja en el acero hasta que la manguera de la cubierta
desprende el color, que se van por el resumidero.
Al final, unas cuantas contracciones de músculo,
el bacalao se vacía mientras avanza picos
hacia arriba por la banda, carmesí final
desgastado y en colgajos, coagulado y oscilándose
del emparrillado de la banda, jirones sanguinolentos
como festones sobre las cabezas de los tornillos a manera de encaje
destruido que una vez estuvieron anudados de una bola
de hilo avivada
salida de la oscuridad de un mundo
nunca visto, el eje sobre del cual gira sin ser visto.

Despúes de dieciséis horas,
Charles mira más allá de su mano izquierda,
una garra atrae.
Su codo izquierdo se tira bruscamente,
viene a la memoria cada mandíbula rota, cada placa del cuello
arrancada y separada. Ligamentos rígidos
articulan una obra de ley versada en sal,
una historia de cámara marina y de aorta desgarrada
y músculos que se anudan en la zona lumbar. Un legado

ancient as hunger, no older than fear. Sunrise
blusters ragged at the end of watch.
The day tatters, bleeding out
as if nicked by steel,
the man become mere matter.

antiguo como el hambre, no más viejo que el miedo. El amanecer
sopla aniquilado al final del turno
El día se desgasta, se desangra
como arañado por el acero,
el hombre se vuelve simple materia.

Raúl Zurita

CARTA A LOS VIVOS

A Valerie Mejer

Mi amor está feliz porque estamos vivos. De nuevo se ríe y abraza y
dice que Norteamérica son los sueños diurnos y Sudamérica los sueños
nocturnos y después me dice que soñó con mi cuerpo arrastrado por
la corriente que bajaba rompiéndose contra las piedras del río. Madre al
verla me preguntó si era esa mi muchacha y luego dándose vuelta
preguntó: "¿Pero dónde están las naves de este país?" Los hombres le
contestaron muy tímidamente y uno de ellos le dijo: "Nunca hubieron
naves en este país," pero ella ya no le prestaba atención, sólo a mí se
dirigía, a mí no más hablaba. Los más pequeños disimulaban la risa
como si los viejos no entendieran mucho lo que pasa, pero ella dijo:
"Nunca me he sentido más joven." Mi amor después contó que había
visto los países; que americanos del sur y del norte se cruzan igual que
pompas de jabón en el aire y luego llegan. Yo pensé entonces que
mismo que uno deberían ser los países y hablé mucho pero fue como
con toda la tierra y me sentía tan contento oh sí hermano río, hermanas nubes.

Atrás madre también seguía diciendo, pero habla raro sí, habla como
con acento quechua. Por "chaski" dice, por correos vienen las noticias
de las partes en las mañanas. Cuando yo me fui del camino, chasqui
condolió muy respetuosamente a madre, arrugó su gorro y poco a poco fue
lanzado el saludo: Mucho querer y contento por el angelito ahora porque amor
puede más que la muerte. Yo miré entonces a mi muchacha y ella me preguntó:
¿Quieres tocarme? y yo le dije sí hermana Luna
Roja. Todo el sueño de amor le conté entonces y fue sí, hermanos
pastos, fue sí hermanos árboles.

Fue sí, fue sí, hermanos onas, hermanos kawéskar, hermanos pueblos
desaparecidos y subió de la tierra un brillo como de naves espaciales;
todos los chicos chilotes, los zambos, los muchachos rubios americanos
relampagueaban en la oscuridad. Ellos miraban sus propias caras

Raúl Zurita

LETTER TO THE LIVING

For Valerie Mejer

My love is happy because we are alive. Once again she laughs and
hugs me and says North America is a daydream and South America is a
nightdream and then tells me she dreamed about my body being
dragged by the current crashing down against the river rocks. When she
saw her my mother asked if this was my girl and then turning asked:
"But where are this country's ships?" The men answered shyly and one of
them told her: "Ain't never been ships in this country," but she was
no longer listening, she only addressed me, only to me did she speak.
The younger ones hid their laughter as if the elders did not understand
much about what was going on, but she said: "I have never felt so
young." My love then told me that she had seen the countries; that
Americans from the south and from the north passed each other like
soap bubbles in the air and then they arrive. Then I thought, countries
must be just like oneself and I talked a lot but it was like talking to the
whole earth and I felt such happiness oh yes, brother river, sister clouds.

Behind, mother also continued talking but she speaks strangely, she
speaks like she has a Quechua accent. By "chaski" she says, by mail
news arrives in the morning from places. When I left the road, chasqui
gave condolences so respectfully to mother, she crumpled her hat and
little by little she let loose her greetings: Much love and happy for the
little angel now because love can do more than death. Then I looked at
my girl and she asked me: Do you want to touch me? and I replied, yes
sister Red Moon. I told her then all about the dream about love and it
was yes, brother grass, it was a yes brother trees.

It was a yes, it was a yes, brother Onas, brother Kawésar, brother
vanished villages and from the earth a glow ascended like a space ship, all
the young Chilotes, the clubfooted, the blonde American youngsters
flashing in the dark. They saw their own faces shining in the black sky

brillando en el negro cielo y nosotros dos nos veíamos de pronto tan pequeños recortándonos contra los infinitos ríos de luz que habíamos visto iluminando, cayendo sobre los rascacielos y muriendo, que por eso era todo, que por eso yo le decía y mi amor me contestaba, sí hermanos patagones, sí hermanos pehuenches, sí queridos muchachos de hoy, fue sí lo que dijo.

Querida Manhattan, amadas llanuras pardas, por eso los jóvenes llegaban por la noche metamorfoseándose y en el día eran llanuras de pasto cruzando el nuevo sueño nuevoamericano. Sí palomitai, como los tercos deudos se iban todos allegando, chicos cambas, mexicas y marrulleros chilenos, y en el sueño el torrente descendía rompiendo mis carnes hinchadas de puro amor. Sí de contento yo dije me voy con mi muchacha viva más allá del fin. Los teenagers cruzan la noche guitarreando igual que los países en vuelo.

Celándome la chica cruzan, atravesando las sombras. Madre se acurruca a padre en la oscuridad y con malas palabras llama a los hijos, pero en el fondo ella también está feliz porque se siente joven y ágil y de nuevo estamos juntos. Gritó entonces: "Estamos vivos" y la siguieron padre, mis hermanos, chasqui, y parientes, pero su voz es la más fuerte y se debe haber escuchado en toda Nueva América, sí.

Oh sí hermana luna, oh sí hermana noche, oh sí hermana muerte.

and we both looked at each other suddenly so small cropping ourselves against the infinite rivers of light that she had seen illuminating, falling upon the skyscrapers and dying, that that was the reason for everything, that was why I told her and my love answered me, yes, brothers from Patagonia, yes brother Pehuenches, yes beloved boys from today, yes was what was said.

Dear Manhattan, beloved brown plains, that is why the youngsters arrived metamorphosing themselves by night and during the day they were plains of grass crossing the new New-American dream. Yes palomitai, like stubborn relatives they were all getting together, young Cambas, Mexicas and cajoling Chileans, and in the dream the torrent was descending breaking my flesh swollen by pure love. Yes, happily I said I am going with my living girl beyond the end. The teenagers traverse the night creating like countries on the rise.

The girl watches me they traverse, through the shadows. Mother snuggles with father in the darkness and with bad words she calls the children but deep inside she is also happy because she feels young and agile and we are together again. Then she shouted: "We are alive" and my father, siblings, chasqui and relatives followed her but her voice is the strongest and must have been heard all over New America, yes.

Oh yes sister moon, oh yes sister night, oh yes sister death.

Cedar Sigo

ON THE WAY

Have the swallows
          returned

    to my porchlight?

I may have left it on
        through the night

      I may have burnt them out

     when the wind
     shakes
         the window glass

        I step out of the house
     hoping for the smell
     of rain
twisted
      and waking up the earth
          the dust
dispersed
     over again

   longing
for further signs
         of your presence
           mistaking bats
      for the swallows

      rushing up ridge street again
the sun sets late for the
           divers

Cedar Sigo

EN CAMINO

¿Han vuelto
       las golondrinas

       a mi lámpara del pórtico?

Pude haberla dejado encendida
              toda la noche

              Pude haberlas fundido

              cuando el viento
              sacude
                   el cristal de la ventana

                   Salgo de casa
              a la espera del olor
              de la lluvia
trenzada
              que avive la tierra
                   el polvo
dispersa
              una y otra vez

       añoro
más señales
              de tu presencia
                   confundir murciélagos
              por golondrinas

       apresuradas hacia ridge street otra vez
tarde se oculta el sol
                   para las que caen en picada

'you' are everywhere

    it's wonderful and
true
but not location

that's my point
            of sadness (the impaler)
            no hologram
or talking back
            or ghost of a chance

            but a small polished box
we can sit beside

What is left to bring
                to moving pictures?
            a steady focus
            ability to unwind
and rest the lever

        the 'I'
           left
                hanging
           open

      "watching for the red gold line of morning
                to rise"

        record the bobbing heads
of lavender flowers (wind off the
                        sea)
over the shoulder
        as you said

'tú' estás en todos lados

    es maravilloso y
cierto
pero no la ubicación

ese es mi punto
        de tristeza (la empaladora)
      no holograma
ni protestas
      ni posibilidad fantasmagórica

      si no una cajita bruñida
junto a la que podemos sentarnos

¿Qué falta por capturar
      a las imágenes en movimiento?
      un enfoque estable
      capacidad para rebobinar
y soltar la palanca

    el 'Yo'
      se queda
        suspendido
      abierto

"atento a la línea carmín dorada de la mañana
      que despunta"

      grabar las cabezas oscilantes
de las flores de lavanda (viento de
        la mar)
sobre el hombro
      cuando dijiste

"a wonderful density

       and appreciation

         of language."

Or in lines from your sketches

of Blavatsky, "but of course

     this is not the end.

            Oh   no."

One is more *in* time

    so attentive to its wavering

      her pacing, enveloping...

   wanting to see.

(4-17-17 for Joanne, again)

"una maravillosa densidad
                    y apreciación
                    del idioma."
O en las líneas de tus bocetos

de Blavatsky, "pero claro

            este no es el final.

                        Claro que no."
Uno es más *en* el tiempo
            tan atento a sus vacilaciones

                su paso, envolvente...

            desear ver.

(4-17-17 para Joanne, de nuevo)

Néstor Perlongher

COMO REINA QUE ACABA

Como reina que vaga por los prados donde yacen los restos de un
ejército y se unta las costuras de su armiño raído con la sangre o el
belfo o con la maleza de caballos y bardos que parió su aterida
monarquía

así hiede el esperma, ya rancio, ya amarillo, que abrillantó su
blondo detonar o esparcirse—como reina que abdica—y prendió
sus pezones como faros de un vendaval confuso, interminable,
como sargazos donde se ciñen las marismas

Y fueran los naufragios de sus barcas jalones del jirón o bebederos de
pájaros rapaces, pero en cuyo trinar arde junto al dolor ese
presentimiento de extinción del dolor, o de una esperanza vana, o
mentirosa, o aún más la certidumbre

de extinción,   de extinción   como un incendio

como una hoguera cenicienta y fatua a la que atiza apenas el aliento
de un amante anterior, languidecente, o siquiera el desvío de una
nube, de un nimbo

que el terreno de estos pueriles cielos equivale a un amante, por más
que éste sea un sol, y no amanezca
y no se dé a la luz más que las sombras donde andan las arañas, las
escolopendras con sus plumeros des moscas azules y amarillas

(Por un pasillo humedecido y hosco donde todo fulgor se desvanece)

Néstor Perlongher

LIKE A DEFEATED QUEEN

Like a queen wandering over the meadows where the remains of an
army lie, smearing the seams of her worn ermine with the blood or
lips or weeds of horses and bards born of her numbed
monarchy.

so the semen stinks, already stale, already yellowed, that burnished its
smooth explosion or dissemination—like an abdicating queen—and
       kindled
her nipples like a gale's headlamps disorienting, endless,
like sargasso to which the marshes are kept.

And the shipwrecked left their boats turning points of the tatters
       or birdbaths for
birds of prey, but in whose crowing burns alongside the pain this
premonition of the extinction of pain, or a vain or
deceitful hope, or even certainty

of extinction,   of extinction   like a fire

like an ashen and fatuous bonfire barely stirred by the breath
of a former lover, languishing, or even the diversion of a
cloud, of a nimbus

that the land of these trivial heavens is the same as a lover, regardless
if he were a sun, who never cast his rays
and does not provide the light with more than shadows where the
       spiders crawl,
the centipedes with their feathers of blue and yellow flies

(Through a humid and unwelcoming hall where all brilliance vanishes)

Por esos tragaluces importunas la yertez de los muertos, su molicie,
yerras por las pirámides hurgando entre las grietas, como alguien
que pudiera organizar los sismos

Pero es colocar el simún tu abanico de plumas, como lamer el
aire caliente del desierto, sus hélices resecas

Through those importunate skylights the rigidness of the dead, their
    idleness,
you wander through the pyramids rummaging among the cracks,
    like somebody
who could organize the earthquakes

But it is to raise your feathered fan against the simoom, like licking the
hot wind of the desert, its dry helixes

LAS TÍAS

Y esa mitología de tías solternas que intercambian los peines
grasientos del sobrino: en las guerra: en la frontera: tías que sin objeto
ni destino: babas como lamé: laxas: se oxidan: y así "flotan": flotan
así, como esos peines que las tías de los muchachos en las guerras
limpian: desengrasan, depilan: sin objecto: en los escapularios ese
pubis enrollado de un niño que murió en la frontera, con el quepis
torcido; y en las fotos las muecas de los niños en el pozo de la fontera
entre las balas de la guerra y la mustia mirada de las tías: en los peines:
engrasados y tiesos: así las babas que las tías desovan sobre el peine
del muchacho que parte hacia la guerra y retoca su jopo: y ellas
peinsan: que ese peine engrasado por los pelos del pubis de ese
muchacho muerto por las babas de un amor fronterizo quarda inluso
los pelos de las manos del muchacho que muerto en la frontera de
esa guerra amorosa se tocaba: ese jopo; y que los pelos, sucios, de ese
muchacho, como un pubis caracoleante en los escapularios,
recogidos del baño por la rauda partera, cogidos del bidet, en el
momento en que ellos, solitarios, que recuerdan sus tías que
murieron en los campos cruzados de la guerra, se retocan: los jopos;
y las tías que mueren con el peine del muchacho que fue muerto en
las garras del vicio fronterizo entre los dientes: muerden: degustan
desdentadas la gomina de los pelos del peine de los chicos que parten
a la muerte en la frontera, el vello despeinado.

THE AUNTS

And that mythology of spinster aunts exchanging greasy combs
belonging to nephews: at war: at the border: combing aunts: aunts
with no objective or destiny: spit like lamé: lax: it rusts: and thus,
"it floats": it floats like that, like those combs that the aunts of the
boys in the wars clean: they degrease, they remove hair: without an
objective: in the scapulars the coiled pubis of a child that died at the
border, with his kepi twisted; and in the photos the child's grimace in
the well at the border among the bullets of war and the lifeless gaze
of the aunts: in the combs: greasy and stiff: like the spit the aunts
deposit along the comb of the boy going to war and retouching his
quiff: and they think: the comb greased with the pubic hair of that
boy dead by the spit of a border love even keeping the hairs of the
hands of the boy dead at the border of that loving war touching it:
that quiff; and the hairs, dirty, of that boy, like a pubic hair coiled in
the scapulars, swept from the bath by the fast midwife, taken from
the bidet, at the moment in which they, lonely, recall their aunts that
died in the fields crisscrossed by the war, they retouch: their quiff; and
the aunts die with the comb of the boy that was dead in the clutches
of the border vice between the teeth: they bite: eat edentulous the gel
of the hair of the comb of the boys that go to face death at the border,
the unkempt hair.

Elizabeth Cooperman

THE BATH

In desperation to get warm, she took a bath, despite not having bathed, per se, since childhood.

Though in retrospect, the bath was not just for warmth's sake.

That day it rained continually and she'd stepped in a puddle and sat in wet tights and socks and shoes at work.

Long raindrops fell off the awnings and the wet trees had faces, vaginas, or mouths.

On the bus ride back, she thought about a machine in the locker room of the YMCA that spins bathing suits so fast they dry. Once she waited in line for it, but just before reaching the device a lady put a diaper in.

On the bus ride, she meant to look at a manuscript in her purse, but couldn't find a pen or concentrate on the opening lines.

She tried to buy a bathtub stopper on the way home, but in the house found it wasn't the right kind, so kept the shower running to keep the bath filled, partly because something was wrong with the drain.

She laid out a towel, a mat, a corduroy robe.

She filled the tub with bubbles but kept getting the temperature wrong.

The bubbles formed a temple of larvae.

The bubbles formed a sweet-smelling bell.

Elizabeth Cooperman

EL BAÑO DE TINA

Desesperada por entrar en calor, se metió a la tina, a pesar de nunca haberse dado un baño, per se, desde su niñez.

Aunque, en retrospectiva, el baño no era nada más para entrar en calor.

Ese día había llovido sin parar y había pisado un charco y permanecido en el trabajo con las medias, calcetas y zapatos empapados.

Alargadas gotas de agua caían de los toldos y los árboles mojados tenían rostros, vaginas o bocas.

Cuando regresaba en el autobús, pensó en el aparato de la sala de vestidores y casilleros del YMCA que centrifuga trajes de baño tan rápido que los seca. En una ocasión hizo fila para poder usarlo, pero poco antes de que fuera su turno, una mujer metió a secar un pañal.

Cuando iba en el autobús, quiso revisar un manuscrito que traía en su bolso, pero no pudo encontrar pluma alguna ni concentrarse en las primeras líneas.

De camino a casa, intentó comprar un tapón para la bañera, pero descubrió, una vez en casa, que no era el correcto, así que dejó correr la regadera sin cerrarla para mantener la bañera llena, en parte porque había algo mal con el drenaje.

Preparó una toalla, un tapete y una bata de pana.

Llenó la bañera con burbujas, pero sin lograr la temperatura correcta.

Las burbujas formaron un templo de larvas.

Las burbujas formaron una campana de dulce aroma.

Disrobing the egg of her body, she knew the power of the bath was contingent on its construction in accordance with rules. A bath seems simple, because it is something babies take, but a bath is after all "a made thing," like any meal, or lesson.

A bath is a recipe, with a right answer.

That night she'd intended to relax into the bath and read the manuscript, in a state of perfect omnipotence, like one might imagine a professional editor in lipstick doing, poised and supported on her bath pillow, buoyed by its softness, having a love affair with herself, and also to break little pieces of chocolate into her mouth and let them melt there with a devilish sexiness, but the way the bath water stained the back of the manuscript if she shifted and displaced the bath a little, kissing the tub walls, distracted her so much that she kept starting the first paragraph over.

And she was sweating a little, so did not savor the chocolate, as she does not particularly like to eat while sweating, and so she put the manuscript down.

Flipping over, her butt cheeks rose above the sea level of foam.

But this pose seemed pornographic, like some cliché in a fireman's calendar, and she thought of Ingres, and his "Valpinçon Bather," who's actually dry and seated in the portrait, hair turbaned in linen, not wet at all, so instead she sat up again.

A bath is a favorite subject of many painters—Cezanne, Picasso, Ingres. They love to represent the blue of some pool, the amber of some unclothed torso. While working on his nude tableau titled "Women Bathers," Cezanne was filled with such a sex-charged anxiety that he never completed the painting.

Desvistió al huevo que lleva por cuerpo; ella sabía que el poder de un baño de tina dependía de su construcción en conformidad con los reglamentos. Darse un baño de tina parece ser algo simple, porque a los bebés les dan baños, pero darse un baño es, después de todo, "algo elaborado," como una comida, una clase.

Bañarse en una tina es una receta, con una respuesta correcta.

Esa noche había pensado relajarse en la bañera y leer el manuscrito, en un estado de perfecta omnipotencia, como uno puede imaginar que lo haría una profesional y labiopintada editora, posada y apoyada sobre su almohada para la bañera, suspendida por su ligereza, enamorándose de sí misma, y por supuesto romper en su boca diminutos trozos de chocolate y dejarlos derretir ahí con una sensualidad diabólica, pero la manera en como el agua manchaba el reverso del manuscrito cuando cambiaba de posición y desplazaba el agua un poco, misma que besaba las paredes de la bañera, la distraía tanto que empezaba una y otra vez el primer párrafo.

Y estaba sudando un poco, así que no saboreó el chocolate, ya que en lo particular no le gusta comer cuando suda, así que hizo a un lado el manuscrito.

Bocabajo sus nalgas se levantaron por arriba del nivel de mar de espuma.

Pero esta pose daba un aire pornográfico, como algo cliché en un calendario para bomberos y pensó en Ingres y su pintura "La gran bañista" que en realidad se encuentra sentada y seca, con el cabello enturbantado en lino, nada mojada, así que mejor se sentó otra vez.

Un baño es el tema predilecto de pintores varios, Cezanne, Picasso, Ingres. Les encanta representar el azul de una piscina, el ámbar de un torso desnudo. Cuando trabajaba en su tablón desnudo intitulado "Las grandes bañistas" Cezanne se llenó de tanta ansiedad sexual que nunca concluyó la pintura.

Once it got cold, she tried to bring in some extra buckets of hot water from the sink but couldn't get the science of it.

She'd read that you could actually make a fire near the bath and heat individual stones and place them in the bath once they were warm, but that sounded dangerous.

She was not a very good housekeeper and in reality it was probably a very dirty bath.

Afterwards, like a Scythian in deepest Barbary, she put sweet-smelling lotion all over and sat in front of the heater on the floor of the bedroom and continued reading the manuscript.

They say that all sorts of things, like us, are full of water—for example, a peach contains it, as does a sardine.

When we commune with water, we commune with some part of ourselves that we can't see, i.e. the large part composed of water—our tissues and organelles and all of the water-dependent chemical processes that occur in them.

But she wasn't compelled to connect with this part of herself. Nor, on another level, did she understand why if we're made from it, we should have to drink so much water, or wash ourselves with it so often, or do all this boiling of our food, soaking of our legumes.

There's something obscene about all the water, and the fact that the water already in us isn't enough.

At the beach, lounging in bikinis, a friend told a story about developing hemorrhoids gone wrong during an overnight camping trip. It turned out that the campers hadn't brought enough water on the journey. According to the doctor, that single day of dehydration exacerbated the problem such that a nodule took form in one of the blood vessels of this

Una vez que se enfrió, trató de traer unos baldes más de agua caliente del lavabo, pero no podía entender la ciencia detrás de ello.

Había leído que de hecho uno podía hacer una fogata cerca de la bañera y calentar de manera individual piedras para meterlas en la bañera cuando estuvieran calientitas, pero eso sonaba peligroso.

No se le daban muy bien los quehaceres domésticos y para ser sinceros la bañera probablemente estaba bastante sucia.

Después de todo, como un escita en lo más profundo de Berbería, se aplicó una crema de dulce fragancia por todos lados y se sentó en el piso de la recámara frente al calefactor y prosiguió con la lectura del manuscrito.

Dicen que muchas cosas, al igual que nosotros, están llenas de agua, por ejemplo, un durazno la tiene y lo mismo una sardina.

Cuando comulgamos con el agua, comulgamos con una parte de nosotros mismos que no podemos ver, por ejemplo, la gran parte compuesta de agua, nuestros tejidos y organelas y todos los procesos químicos que dependen del agua que ocurren en ellos.

Pero ella no se sentía el deseo de vincularse con esta parte de sí misma. Y, por otro lado, tampoco entendía por qué si estábamos formados de agua, teníamos que beber tanta agua, o bañarnos con ella tan a menudo, o hacer todo esto de hervir nuestros alimentos, remojar nuestras legumbres.

Hay algo obsceno en toda el agua y en el hecho de que el agua que ya tenemos dentro de nosotros mismos no resulte suficiente.

En la playa, recostadas con bikinis, una amiga contó que durante una noche de campamento le habían salido hemorroides y que se le habían complicado. Resultó que los excursionistas no habían llevado suficiente agua para el viaje. De acuerdo con el doctor, con ese solo día de deshidratación el problema se exacerbó a tal grado de formársele a esta

friend's anus and became painful. Luckily, said the doctor, she caught it in time to surgically remove the clot.

The amazing part of the story, of course, is the role of the missing water.

Once, all things came from the ocean, but then creatures learned to carry it with them, either in eggshells or inside the body of female terrestrials. Some salamanders and flat-headed frogs evolved to drink through their skin. When droplets of water collect on the small, white, winter flowers as if in tiny tumblers, or drown things on the sidewalk, water appears beautiful, and that beauty might appeal to thirst.

She knew a writer who moved and spoke so quickly he exuded an oil. He seemed, as he spoke, to sweat. To make a perfume of himself. She thought she could almost hear his metabolism rushing. Once he had asked her on a date, and though he was a nice person she made an excuse, because there was something positively fecal about him.

She, herself, had been born without thirst. She did not understand how people could "like" water. Occasionally, it tasted like crystal but more often faintly of stool.

amiga un nódulo en uno de los vasos sanguíneos anales que se tornó doloroso. Afortunadamente, dijo el doctor, lo descubrió a tiempo para extirparle mediante cirugía el coágulo.

Lo asombroso de la historia estriba, claro, en el papel que desempeñó el agua ausente.

Alguna vez, todo surgió del océano, pero después, los seres aprendieron a llevarlo consigo, dentro del cascarón del huevo o dentro del cuerpo de las hembras terrestres. Algunas salamandras y ranas de cabeza plana evolucionaron para tomar agua a partir de su propia piel. Cuando las gotas de agua se acumulan en las pequeñas flores blancas invernales, como si estuvieran en diminutos vasos, o cuando el agua sumerge objetos por las banquetas, nos da la impresión de que el agua es bella y dicha belleza puede darnos sed.

Ella conocía un escritor que se movía y hablaba tan rápido que exudaba sebo. Conforme hablaba parecía sudar. Hacer un perfume de sí mismo. Ella pensaba que podía casi escuchar su metabolismo acelerarse. Una vez él le pidió salir y aunque era una buena persona, ella inventó una excusa porque había algo ciertamente fecal en él.

Ella, ella misma, había nacido sin sed. No entendía cómo a la gente podía "gustarle" el agua. En ocasiones, sabía a cristal, pero más a menudo tenía un sutil dejo a heces.

Carmen Berenguer

ODA A MIS MOÑOS

Pierdo mis hebras a veces lisas y débiles otras filos al viento de
penas
azucarar el olvido anden seco y adusto
envarado hojas de capas hacia las cumbres
tortuoso se me viene hacia los hombros
sinuoso acaracolado ondular en los hombros desrizado amanece
y ese moño de copia en otoño
deshojándose el estilo lo mismo que las carnes en su lirismo
decadentista caen las hojas y los risos del tubular peinado caen
adornando el rostro en los cadejos
revuela el desasosiego de una prematura vida mundana
ay! mis moños de películas
desde esa pubertad de la cola de caballo saltarina sin miedo a
mostrar el rostro inocente del primer beso en la plaza Brasil
a la salida del colegio hasta este moño sensual y luego los pájaros
picoteando el nido de pelos en ese moño bien cuidado en una mala
cabeza revuelta

Carmen Berenguer

ODE TO MY HAIRDOS

I'm shedding hairs some straight and brittle others blades in the winds of
suffering
sweetening oblivion moving dry and lifeless
stiff leaves in layers toward the peaks
tortuous coming to my shoulders
sinuous spiraled curl on shoulders flattened at daybreak
and that imitation hairdo in fall
shedding the style like flesh in its decadent lyricism
the leaves fall and the giggle of ringlets fall
adorning my face in tangles
stirring the unease of a prematurely mundane life
oh! my cinematic hairdos
from the adolescence of a lively pony-tail unafraid
to show the innocent face of a first kiss in Brazil Square after school
to this sensual hairdo and later birds
pecking the nest of hairs in that tidy hairdo of a terrible
muddled head

ODIOSO RECUERDO DE MI MOÑO ESCARMENADO

Con mis manos tomé el pelo lo repartí en cuatro partes
iguales noté que las puntas estaban quemadas
con las tijeras las recorté recordando a la peluquera del
barrio repartí mi cabeza en tres partes la primera escarmené
con la peineta haciendo un promontorio grande por encima
alargué pelos para tapar esa madeja enredada mientras
escarmenaba mi pelo llegaron imágenes sueltas de las veces
que me tironeaban
en las peluquerías del centro pero el moño más importante
que sacudía mis pestañas fue el que vi en una escena de
Sofía con Marcelo mientras lo esperaba trataba de consolar a
la madre del muchacho que no quería ser cura porque ya no
amaba a dios sino a la diosa del frente la Loren que recibía a
su amante fetichista escarmené tanto el moño que al mirarme
en el espejo era una torta de tres pisos iluminando el cuarto
donde se encontraba mi vestido de macramé prestado para
vestir novias.

TERRIBLE MEMORY OF MY UNTANGLED HAIRDO

With my hands I split my hair into four equal
parts I noticed the ends were burnt
with scissors I trimmed them remembering the neighborhood hairdresser
I divided my head into three parts the first one I untangled
with the comb making a steep rise on top
straightened some strands to cover the tangled mop
while I was disentangling random images appeared from when
they pulled at my hair
at the downtown hair salons but the most important hairdo
that made my eyelashes quiver was the one in the scene with
Sophia and Marcello while she waited for him she tried to comfort
the mother of the boy who did not want to become a priest because he
no longer loved god he loved the goddess next door the Loren who greeted her
fetishist lover I did so much untangling that when I looked
in the mirror there was a three-layer cake illuminating the room
with my borrowed macramé dress to
dress a bride.

ODA A MI HUERTO DE PELOS

Ahora recojo unas puntas y las junto a las otras y no he cepillado ni
peinado solo mojadas mecha a mecha las enhebro y las levanto con
un soplo de vida
como manto de olvido por el brazo herido y manca levanto al vuelo
las puntas y las engarzo con flores de coliflor y serpenteados de
tomates chicos simulando un huerto en mi cabeza en una escena de
arte de chacra cubre mi tiznado porvenir
Al otro día revuelvo los lazos de cabello y me asoman albahacas y
hierba buena y solo levanto la parte de atrás y la aprieto con una
aldaba de apio
Soy me digo: la mujer de la peineta morada que almidona la tristeza
como si yo pudiera hablar altisonante o yo quisiera sumarme a la
tradición de la palabra
como si mi palabra fuera la palabra hecha verbo y fuera dueña
de mi cabellera y la manejara a mi antojo
en una manada de hojas verdes
en mis negras hebras
no estoy obligada a escuchar palabras
de un pequeño dios que me ahoga con ingredientes sempiternos ahora
suelto una cascada invertebrada relumbra de luciérnagas intermitentes
engarzando el torrente de puntas de colores para colgarla en un espino

performance de mi huerto

ODE TO MY ORCHARD OF HAIR

Now I gather up the ends and add them to the others and I have not
        brushed or even
styled them damp I twist the locks together and raise them up with a
breath of life
like a blanket of oblivion for my injured arm and one-armed I pull the
ends up and set them with cauliflower florets and twines of
small tomatoes simulating an orchard on my head in a scene of
farm art that covers my blackened future
The next day I tussle my knotted hair and basil and mint peek
out at me sweeping up just the part in the back I fasten it with
celery clip
I am I tell myself: the woman of the purple comb stiffening the sadness
as if I could vociferate or as if I sought to join
the tradition of the word
as if my word were the word made speech and as if I were owner of
my mane and I could direct it at will
into a flock of green leaves
in my strands of black hair
I am not obliged to listen to the words
of a small god that drowns me with eternal ingredients
now I release an invertebrate waterfall blinking with dazzling fireflies
linking the torrent of colorful ends to
hang them in a tree of thorns

performance of my orchard

Nadine Antoinette Maestas

AHAB MAYHEM

With whale fat spilling all over the deck
what makes him so
American mad
so cerulean cruel so human
so like the jaws of wolves on fat
lust for the hunt on a quest like hate
(also like ambition) so American Emperor
nailing a gold doubloon on deck
so man of his own ship hanging the heads of two whales
dripping sperm (the smell of whale fat)
identifiable to even the so like a virgin green beginner:
Ish—you make the rope seamen use for hoisting
and meet the queerest creatures of the sea
and him, he gets so vapid vision quest gain after gain
so supine brain dead so interior mad so exterior far away look in his eyes
then to the lookout says he, "ay! —see him yet?" Ahh, ivory leg Ahab
digging in the deck a divot of his very own, a mark that fits
his alabaster leg fashioned from bone of whale, feeling bucolic
You Ahab! You ruin us all with your American ambition, roaring Ahab
boiling point Ahab, balls to the wall Ahab
the importance of sperm inconsequential as if
the magic white flukes of any white whale would do as well,
of any dominant nacreous hue such as the new moon
and such as elements for lighting lamps and making hair brushes
we endlessly sail the sea sipping Nantucket water
watching for the great white spewing that by now we all want to see
his hump like a snow hill then cut the anchor and chase and chase
and chase all over the surface of the ocean until we meet
the eye of the whale and see him:
Ahab in a whirlpool flushed like a man
into the depths of damnation black vomit
like an enemy of the sea born creatures who never thinks

AHAB PANDEMONIO

Con grasa cetácea regándose por toda la cubierta
que lo hace tan
estadunidensemente fuera de sus cabales
tan cerúleamente cruel tan humano
tan parecido a las fauces de los lobos con
inflada hambre por la cacería con una misión como el odio
(también como ambición) tan Emperador estadunidense
que clava un doblón de oro en la cubierta
tan hombre de su propio barco que cuelga dos cabezas de ballenas
que gotean esperma (el olor de la grasa cetácea)
reconocible incluso hasta por el más virgen novato verde:
Ish, tú fabricas la soga que los marineros usan para levantar
y te topas con los seres más raros del mar
y él, se vuelve tan vana búsqueda espiritual logro tras logro
tan supino cerebro muerto tan internamente loco tan externa mirada
           lejana en sus ojos
que después al vigía dice, "¡Ea! ¿lo ves ya? Oh, Ahab de pata de marfil
que horada un surco en la cubierta que es suya, una marca que coincide
con su pata de alabastro trabajada en hueso de ballena, se siente bucólico
¡Tú Ahab! Tú nos has arruinado a todos con tu Ambición estadunidense,
Ahab que ruge. Ahab a punto de ebullición, Ahab en chinga
la importancia del esperma inconsecuente como si
las mágicas aletas caudales blancas de cualquier ballena blanca sirvieran igual
de cualquier tonalidad nácar dominante como la luna nueva
y así como elementos para iluminar lámparas y fabricar cepillos para cabello
eternamente navegamos el mar mientras sorbemos el agua de Nantucket
en espera del chorro de la gran blanca que a estas alturas ya todos deseamos ver
su joroba como una colina nívea después corta el ancla y síguela y síguela
y síguela por toda la superficie del océano hasta que nos encontremos con
el ojo de la ballena y lo veamos:
Ahab arrojado a un remolino como un hombre
en las profundidades del vómito negro de la maldición

but only feels home far from Nantucket and minus a leg he chases
until lucent sketched in light pen across the sea floor rolling
clinging to wood like a man who wants to live to tell
secret interior madness and how it went into a furious exterior
I am
clinging to the coffin of my mate
All dead I think
I am
to become a fire in the heads of hello my name is
Ishmael, an element emerging from the sea that has sucked us under and
        I, accounting for all my mates
And I know I want to live as the ocean floats me about in the cool deep
        thinking of
he previously fishing men out of creamy pools and shark jaws careful of
        his own three limbs
all alabaster fashioned too mad too tethered hearts and hands and stars
        leading up to it;
he came to us like that mad minus sleep, mad with resent with the wind in
        revenge
hard irascible puffing at his sails of mad minus sleep:
        full of it:
rage and pursue—
                full on to the limit of living beings and always just like
                    five thousand years ago
        the sea moves over lost ship shards and bones which once like us were
      yawning for help while the ocean was gulfing while watchful birds were
                      winging the sea air
        and splintering shrieks escaping their beaks, while all the ocean was
                  composing in peace and
                      quietude
    itself "Oh, lonely life on lonely death!" my American mood for hate's sake

como un enemigo de criaturas nacidas del mar que nunca piensa
pero solo se siente en casa lejos de Nantucket y con una pierna menos persigue
hasta el resplandor bocetado con pluma luminosa por el lecho del mar rodando
aferrándose a la madera como hombre que quiere vivir para contar locura
interior secreta y cómo se volvió un exterior furioso
Yo soy
el aferrado al féretro de mi primer oficial
Todo muerto pienso
Yo soy
el convertido en fuego en las cabezas de infier-no, mi nombre es
Ismael, un elemento que surge del mar que nos ha tragado y doy cuenta
      por todos mis oficiales
Y sé que quiero vivir mientras el océano me hace flotar a la deriva en el
      profundo frío pensar
sobre él previamente pescando hombres de la pozas cremosas y mandíbulas
      de tiburón cuidadoso
de sus propias tres extremidades todas trabajadas en alabastro demasiado loco
demasiado fusionados corazones y manos y estrellas que conducen hasta él;
vino a nosotros así de loco menos el sueño, loco con resentimiento con el
      viento vengativo
duro irascible al soplar sus velas de locura menos el sueño:
      lleno de:
cólera y búsqueda—
      lleno a más no poder de seres vivos y siempre como
            hace unos cinco mil años atrás
      el mar se mueve sobre las astillas perdidas de los navíos y huesos que
            alguna vez como nosotros
boquiabiertos pidieron ayuda mientras el océano estaba tragando mientras
            las aves vigías
aleteaban al aire marino y graznidos que astillan salían de sus picos
            mientras todo el océano se
            componía en paz y quietud
en sí "¡Oh solitaria vida! ¡oh solitaria muerte!" mi estado de ánimo
            estadunidense por amor al odio.

(FROM UNTITLED)

My mouth open to every time everywhere
I sing off-key
and all the notes go mad

        others fly cars
        but I am scattered sunlight
        held out towards today

Spew. Emerge. Fly.
I do not know all the notes

Oh how can I emerge
full of sunlight ringing
        quiet sound bursts
        all over the placid day
I love you, but not tomorrow

Today I love you anonymously
like breathing moving time

        wide-open at the bottom of stairs
        wanting to die by the notes
        my restraints are those

finally bright and wanting
to die off-key is enough

        to know that it is today
        and not tomorrow

(DE SIN TÍTULO)

Mi boca abierta a cada momento en todos lados
Canto desentonada
y las notas todas deliran

      otros empinan autos
      pero yo soy luz de sol dispersa
      que se ofrece al hoy

Vomita. Emerge. Suelta.
No conozco todas las notas

Oh cómo puedo yo emerger
llena de sonora luz de sol
      sonido silente que estalla
      durante todo el plácido día
Te amo, pero no mañana

Te amo hoy anónimamente
como respiro que mueve al tiempo

      bien abierta al fondo de las escaleras
      desear la muerte a merced de las notas
      mis límites son aquellos

finalmente brillantes y desear
morir desentonada es suficiente

      saber que es hoy
      y no mañana

I live
        as a beam of laughter
        shaking the house

happens so naturally
                whenever I live like this

I open the sunlight
live in this morning
           moving through I love

you all over the placid laugh

             emerging like time
        is a coward I don't know

ringing quiet down like breathing
              anonymous notes
      scattered   off-key

            bursting in the sky

Vivo

    como haz de risa
    que sacude la casa

sucede tan naturalmente
    siempre que vivo así

Abro la luz del sol
vivo en esta mañana
    mi paso por el te amo

por toda la plácida risa

    emerger como tiempo
    es un cobarde desconocido

sonoro aquietar como respirar
        notas anónimas
   dispersas   desentonadas

        que estallan en el cielo

Maurizio Medo

EL GATO NEGRO, ¿ES SOLO UN SIGNO?

> *"…Somos de*
> *repente lo que los árboles tratan*
> *de decirnos que somos:*
> *su simple estar ahí …"*
> -JOHN ASHBERY, "ALGUNOS ÁRBOLES"

Para Rafael Espinosa

La radio cantó la balada de una mujer
(tres veces muerta) hasta que secó
como uno de esos almiares dejados
atrás en la carretera Yo seguía en
el auto, resignado y, de pronto,
cruzó un gato Era negro, ¿la cábula
pactada se cumple cuando no hay
movimiento y en los hospitales las
diferencias entre sábana y mortaja
redujeron por una huelga en la oficina
de Recursos y Mantenimiento?

El gato negro cruzó otra vez, sobre
todas las otras cosas

La suerte es así

Maurizio Medo

IS THE BLACK CAT JUST A SIGN? †

> *"...You and I*
> *are suddenly what the trees try*
> *to tell us we are:*
> *that their merely being there..."*
> -JOHN ASHBERY, "SOME TREES"

To Rafael Espinosa

The radio sang the ballad of a woman
(three times dead) until it dried like one
of those hayricks left behind in the highway
I kept going on in the car, resigned, and
out of the blue, a cat crossed the road
It was black, does the established talisman work
when there's no motion and at hospitals
the distinction between bed sheets
and shroud is minimized due
to a strike in the department of
Equipment and Maintenance?

The black cat crossed again, over
all other things

Luck is like this

Nunca está en frente
Entonces la realidad hizo chasquear su tálero
y como solo puedo conocerla a través de mí
(por el retrovisor de algo tan condicional
como la vida) a medio camino de ningún sitio
Me sentí un huésped Por tanto pisar los pedales
El auto no responde Se abandonó por entero
(como la vida) a ninguna esperanza de auxilio

Hasta oír algo que los árboles
no pudieron contarme:

el gato estaba sobre el parabrisas, listo
para atentar contra mis pensamientos
Tanto que me atreví a vaticinar:

"los árboles hoy no me contarán nada"

Les hace falta cierto nivel de oscuridad para
que su fotosíntesis incluya también
la producción de símbolos

El gato es un signo

No es como la araña, o la idea
de la araña, esa que existe
solo al desaparecer de la tela

Es un signo, me dije, en medio de
la crisis de los signos La soledad
ha sido ocupada por cierta manía
de la historia: perpetuarse
aun cuando nada acontezca

It's never in front of you
Then reality cracked its whip and
as I can only know it through myself
(with the rearview mirror of something
as conditional as life) halfway to nowhere
I felt like a guest So let's push the pedals
The car doesn't work It completely
(like life) surrendered to no hope of a rescue

Until I heard something
the trees couldn't tell me:

the cat was on the windshield, ready
to attack my thoughts
so much that I dared to foretell:

"Today the trees will tell me nothing"

They need a certain level of darkness
so that its photosynthesis also includes
the making of symbols

The cat is a sign

It isn't like the spider, or the idea
of the spider, that which exists
only by disappearing from the web

It is a sign, I told myself, in the middle
of the crisis of the signs Loneliness
has been taken by a particular mania
of history: to carry on
even though nothing happens

Y como no es superficie... para dejar
un rastro debe cruzar las pampas
de ciertas frases hechas (y los ribazos
de esas mismas frases) sin palabras
definitivas, de un lugar a otro,
hasta desaparecer (como la araña)
No consigo descifrar qué callaron
los árboles en esos rojos de hibisco
Esto no hará aparecer al Servicio de Grúa
Ni conseguirá que el Hombre Manco aprenda
a preguntar qué flor expresa la fatalidad
de los días Y como nadie le responderá
azucena El oficio de florista existe solo
en una canción de una forma
tan emotiva que consigue

conmover hasta a los perros

And since it isn't a surface... in order to leave a
trace it has to cross the pampas of some stock
phrases (and the slopes of those same phrases)
without any definite words, from one place to
another, until disappearing (like the spider)
I just cannot decipher what these trees kept
unsaid in these hibiscus reds
It won't make the Tow Truck Service appear
Nor get the One-Handed Man to learn
to ask which flower represents every day's
misfortune And how nobody will answer him
the white lily The job of a florist exists only
in a song, in such a
touching way that

even dogs feel moved by it

GADGETS

To Jorge Frisancho and Rodrigo Quijano

No pensaba seguirle el amén y creer en
la pátina de algún esmalte epifánico
Craquear el software y "volver a construir,"
como decíamos, sin admitir lo monstruoso
de la poesía en su estar de espaldas para
poder ser contemporáneos de algo, no del cielo
para las futuras generaciones futuras Allá no bastan
tiernos estados de estasis como ponerse a ver
nubes en forma de aves Mañana lloverá y eso
será irrelevante Tanto como si, palabra tras palabra,
en un haiku reemplazáramos el loto por un montón
de algas (caídas del sashimi) porque el gadget
etiquetó "naturaleza" y nada con respecto del
"sentido" necesario para la construcción
de nuestras futuras ruinas,
adonde el pasado parece estar adelante
del mundo que, ausente, aparece como
una dimensión paralela a la del vacío
pero con una actitud sospechosa

De falsa felicidad

GADGETS

To Jorge Frisancho and Rodrigo Quijano

I didn't intend to be a sidekick and believe in
the patina of some epiphanic varnish
Cracking the software and "building again,"
as we used to say, denying the monstrousness
of poetry in turning its back just in order to
be contemporary of something, not of heaven
for future generations of the future Up there
such tender states of stasis are insufficient like applying
oneself to looking at bird-shaped clouds It will rain tomorrow
and that will be irrelevant As much as if, word by word,
in a haiku we'd replace lotus for a bunch of
seaweed (fallen from the sashimi) because the gadget
labeled "nature" and nothing concerning
"sense" so necessary for the construction
of our future ruins,
where the past seems to lie ahead
of the world which, absently, appears as
a parallel dimension to the void
but with a dubious attitude

Of fake happiness

LA MUERTE NOS RECORDÓ A CELAN

Y yo me había creído la versión esa
del Maestro alemán que nos asignaba
unas cuantas parcelas para transcurrir
en plena música y realizar cierto número
de deseos Los mismos que, sin sospecharlo,
estarían con nosotros hasta la edad de
nuestros padres, ya sordos, en los bornes
de esa música, para solo negarla
O que se aparecería en un extremo, como un
otro yo, versionado en párvulo, con el fin de
conducirnos al punto de partida por un atajo
que habíamos tenido que cargar a lomo
y después cruzarlo
Celan prefirió mantenerse lejos de las rimas
alemanas del Maestro y, en vez de desplazarse
como un opaco escaque por los espacios vacíos,
eligió el suicidio como un acto de defensa, tal
vez susurrando "pallaksch " (y solo "pallaksch ")
zafio ante las reglas
Algunos juran haber oído el mantra del
Más rumano en lugar de las rimas (mientras
escuchan cómo caen una por una
las piececitas del parkase)

DEATH REMINDED US OF CELAN

And I had put my trust in that version
of the German Master who assigned us
some plots to be spent
in full music and have a certain number of
wishes come true, The same ones that without any hint
would remain with us until our parents' age,
we already deaf, on the terminals of that music,
with the only purpose of denying it
Or that it would pop up on a furthest end, as an
alter ego, rendered in parvulesque,
to lead us to the starting point by a shortcut
that we had to carry on our own shoulders
so that afterwards it could be crossed over
Celan chose to stay away from the German rhymes
of the Master and, instead of displacing as a dull
chess-square through the empty spaces, he
chose suicide as an act of defense, probably
whispering "pallaksch" (and only "pallaksch")
nasty rule-breaker
Some people swear they've heard the mantra of
the Most Romanian instead of the rhymes (while
listening how they fall, one by one,
each little piece of the pachisi)

Translations by Maurizio Medo

John Olson

HOW TO GET RICH WRITING POETRY

That's right you too can be a Donald Trump
A Warren Buffett of poetry
A buffet of trumpets a warren of infinite crisis
Just follow these easy steps
To a cocktail lounge sit down and employ
A ceremony of words in a roiling brook
Of magnetic obscurities. An angel
        of the morning
Will drop coins of moonlight on your table
Which you can spend on a martini or a root beer
Your call. Me, I prefer cream soda
But that's neither here nor there
        what's important
Is getting rich. Here's how to do it invest
        all of yourself
In the sound of something greenbrier
        or Sea of Cortez
This is rich this is true wealth my friend
Words will propagate like waves and roam
In your heart walking up and down
Haunted by the prospect of eternal life
In heavenly leaves of sycamore
What more do you want than a sycamore
There's more to a sycamore than a sycamore
Escalator grease do you want escalator grease
You can have all the escalator grease you want
All you have to do is say escalator grease
And you will have escalator grease
Escalating throughout the universe

CÓMO VOLVERSE RICO AL ESCRIBIR POESÍA

Así es tú también puedes ser un Donald Trump
un Warren Buffett de la poesía
Un bufete de trompetas un guarro en crisis perenne
Solo sigue estos sencillos pasos
A un bar de cócteles siéntate y emplea
un ritual de palabras en irritante torrente
de oscuridades magnéticas. Un ángel
    de la mañana
Dejará caer monedas de claro de luna en tu mesa
Con las que podrás comprar un martini o una cerveza de raíz
Tú decides. Yo, prefiero, cream soda
Pero eso no importa aquí o ahí
    lo que importa
Es hacerse rico. Te diré cómo invierte
    todo de ti
en el sonido de algo greenbrier
    o Mar de Cortés
Esto es riqueza esto es verdadera abundancia amigo mío
Las palabras se propagarán como olas y vagarán
En tu corazón suben y bajan
Hechizadas por la posibilidad de la vida eterna
En celestiales hojas de haya
Qué más quieres que una haya
Tal vez haya más en una haya que una haya
Grasa de escalera eléctrica quieres grasa de escalera eléctrica
Puedes tener toda la escalera eléctrica que quieras
Lo único que tienes que hacer es decir grasa de escalera eléctrica
Y tendrás la grasa para escalera eléctrica
Ascender en escalera eléctrica a todo el universo

That is the poem. The poem that engages
    your being
Join me in swallowing reality
Take a great big gulp it just so happens
That we're all surrounded by this thing
Called reality when you go to the bank
To deposit your opus their conception
Of what constitutes money will be different
Than yours don't let that discourage you
Let the world lift itself into your eyes
    and hang
In your brain annuities perpetuities
    legal tender
And certificates of rain

Ese es el poema. El poema que mueve
tu ser
Ven conmigo a tragar la realidad
Toma un gran trago por pura casualidad
estamos rodeados por esta sustancia
Llamada realidad cuando vas al banco
A depositar tu obra su concepción
De lo que constituye dinero será diferente
A la tuya no los dejes que te desalienten
Deja que el mundo se levante en tus ojos
        y cuelgue
en tu cerebro anualidades y perpetuidades
        papel moneda
Y certificados de lluvia.

Reynaldo Jiménez

FLAMA

La telaraña inhóspita del yo recuerdo.
¿Es un lugar común? Es una pita.
Hilacha que se conjuga con fuga.
Mirar que dispensa en ácida dulzura.

Decirte toda la verdad perdido juicio sería.
Tino me sobra y supura por los pocos poros.
Distingo apenas cortinado de párpado.
Me comen los pensátiles dispendiosos.

No tengo objeto sino el sujeto giratorio.
Dóblome en edad de aquel que habito.
Pero persigo el signo espatulado, añico.

Ahí te veo. Ahí te espero. Ahí disuelvo,
insegurísimo y ligero. Ahí ahí te conocí.
Una tarde que del futuro volvía.

¿De qué habla, doña tripa? Si su roña
es la vida buscarse. Su pitia se quema
tras el apuro de la suerte predilecta.
La suertera canturrea ya lo fui.

La parca partera de extranjero acento.
Alguna muesca se cuece en la vitrina,
a vuelta de cada esquina al día dada.
Sustraída la mirada de aquella niña

metida al mar de sus silenciosas.
Nunca sino destello vivo, la vida linda
para descanso de batallas antiguas.
Contigo empieza el día.

Reynaldo Jiménez

FLAME

The inhospitable cobweb of the I remember.
Is it a normal place? A yarn.
Threads that take shape in the escape.
Glance that dispenses with acid delight.

Telling you the whole truth would mean a loss of wits.
Surplus sense suppurates my few pores.
I scarcely perceive lidded eyelids
The ex-pensive divinities devour me.

I have no object but rather a rotating subject.
I double in age he whose body I inhabit.
Yet I pursue the crescent sign, clipping.

There, I'll see you. I'll wait for you. I'll disperse there,
insecure and light. There I met you there.
An afternoon returned as from the future.

What are you telling me Ms. Gut? If your stain
is life provoke it. Your Pythia burns
after the dilemma of preferred fortune.
The fortune teller croons I was already.

The mean midwife with a foreign accent.
A breach is brewing in the vitrine,
around every corner on the given day.
The look of that girl withdrawn

plunged into the sea of her silenced.
Never if not a vivid spark, the pleasant life
as a truce from old battles.
With you the day is born. With you the day

Contigo el día llega a ser. La primavera entregada
al otoño se cumple en tu pupila.

Es día solo junto a la hoguera. De pronto
te he visto en la mirada. Y no es que entienda
nada, ni un alga de allá, en tu riada,
mientras se salta la risa que nada ataja.

Abres la palma y la semilla diseminas.
Pero la sílaba al salir de tu mirada era
vívida y ardía y venía en calma. El biombo
de fondo negro con los nácares astrales

se derrite, se consume, es una vela, toda
la noche en vela, y la secreta sonrisa,
primera luciérnaga encendida por el mirar

Porque así como asimila una semilla,
asperja la curiosa luz que te encuentra.
Y te descubre despierta, contigo vibra.

Fibrila el horizonte y se hace cuerpo.
Los pajareros del parloteo certeros.
Iridiscencia tu ojo que se funde.
O duración en la pelambre contraluz.

Sólido el acto en que me vierto.
Y te comento la osadía de observarte.
Lleva siglos que nos vemos a los ojos.
La guirnalda, el entrelazo, los collares.

La penumbra con que vienes a escuchar.
Y la lúnula que nunca deja de alumbrarte.
Lo paridor estaría en el roce, vida mía.
Y no consigo sino perder el tiempo.

becomes. Spring surrendering to
Autumn is fulfilled in your pupil.

It is only daytime next to the fire. Suddenly
I have seen you in the glance. And it is not that I might understand
not at all, not even a trickle, in your flood
as the laugh that nothing constrains escapes

You open your palm and spread the seed.
But as the syllable left your gaze it was
vivid and passionate and calmly came. The black screen
set with pearly stars

melts, is consumed, is a candle, watchful
throughout the night, and the secret smile,
is the first firefly lit by your gaze

Because as it is taken in by a seed,
the curious light that finds you scatters.
and discovers you are awake, with you it throbs.

The horizon throbs and becomes corporeal.
The chitchat of chirpers infallible is that.
Iridescence your eye that melts.
Or persistence in the backlit gossip.

Solid the act into which I pour myself.
And I tell you of the audacity of observing you.
For centuries we have been looking into each other's eyes.
The garland, the entwining, the necklaces.

The shadows you arrive with to listen.
And the lunula that always casts you in its glow.
The begetting would be in the friction, my love.
And I do not get time I lose it.

Y ya sabes, sin conciliarlo, es fresca
locura, cruda ternura contra un oleaje.

Las hojas nuncias de aniversarios,
nadie las fija, van con el suelo.
Indómitas nubes siguen la corriente.
A solas en casa de todas las cosas.

Hablan de vos pero me tratan de tú
y traen este presente que nos regala,
quién sabe quién, vida mía que vibras
en la fibra serpentina luz.

Aferrar es a tu lumbre y hambre
mediterráneo como carnero a roca.
No es de pronto que se va miedo

pero se lía al papelito de fumar.
Esta conciencia es coincidir,
amada más acá de cualquier mente.

Son palabras de errático
resplandor las que me llevan
al interregno que se juega la voz,
sale nuestro adentro enamorado

hacia centro dispar con acedía
o acceso inoculto que se precie
de ser rocío, disperso manto
de temor si merodea y nos parece

por el apuro complicar la oración
del unísono pálpito, infinita
dulzura infrazul y en el medio
de la camita (estás tú)
que si crujimos cruje. No
empezó aún este presente.

And you know, without reconciling, it is new
madness, raw tenderness against a swell.

The leaves heralds of anniversaries,
no one sets them, they amble over the ground.
Untamable clouds follow the current.
Alone at home of all things.

They talk of you but they address me as thee
and they bring this present as a gift to us,
from who knows who, my love who quivers
in the twisted sliver light.

To cleave is to your Mediterranean
ardor and hunger as a ram to a rock.
Fear does not depart abruptly.

but it clings to the rolling papers.
This consciousness is to coincide,
love closer than any mind.

They are words of erratic
radiance that lead me
to the interregnum that risks the voice,
our interior emerges infatuated

towards center disparate with bitterness
or unconcealed access that prides itself
on being dewdrops, dispersed cloak
of fear if it prowls and seems

due to the rush to complicate the prayer
of the unison beat, infinite
sweetness infrablue and in the medium
of the bed (you are)
if we creak it creaks. This present
has not started yet.

Matt Trease

GEOMANTIC

♀ ☌♃ (♌ 28°) □ ♄ (♏ 28°)

Do these things always have to look at you? I see blue birds fly. Sometimes we need a little push from the weather. It's a Monday, so mundane my brain makes drugs to keep Fate has a funny way of re-arranging. The jays take shapes and prepare to return to you have to open yourself to receive. I watch them go. I'm not that good at breathing. Gradually, we learn the trick of connecting personality to Pentagrams. In the symbol we have the Feminine interchanging forces and form. Fortune is not the same as luck. This is not a roulette wheel of all my sins so unoriginal are a fist. This refers to a completion of that chip on your shoulder gets bigger and bigger, sends back those personalities that are unready for this carnival of carnivores. Karma governs sleeping souls, the vibrations the planets move in their allotted courses. Good bye and good luck to everything in motion, turning with all the self-loathing of a wolf. The better to eat you with, but you can't hold it. It develops the complexity of myths. Wisdom cannot be expressed in rational terms: if A smokes, then C smolders in flame. When the fire is burning out we know there is more inside than we can see that animal that music can move. If I puked up a sonnet of crickets, would you say it was beauty—the feminine beyond the form played "When You Wish upon a Star?" Your dreams never held the bow at the right angle is also a musical instrument, because you hunt by enchantment. Fate steps in. I'm gonna go where my urge leads to failure. An 'ouch' lies in our own hands. Imagine yourself a psycho-dynamic-force that operates a power-tool known as "your body!" You're still here, but I'm having

Matt Trease

GEOMÁNTICO

♀ ♂ ♃ (♌ 28°) □ ♄ (♏ 28°)

¿Estas cosas siempre tienen que verte? Veo volar aves azules. A veces necesitamos que el clima nos dé un empujoncito. Es un lunes, tan mundano que mi cerebro produce drogas para mantener El destino tiene una extraña forma de reordenamiento. Los arrendajos asumen formas y se preparan a volver a ti tienes que abrirte para recibir. Los veo marcharse. No soy muy bueno para respirar. Gradualmente, aprendemos el truco de vincular la personalidad con los Pentagramas. En el símbolo, tenemos lo Femenino que intercambia fuerzas y formas. La fortuna no es lo mismo que la suerte. No se trata de una rueda de la ruleta con todos mis pecados tan no originales son un puño. Esto trata de una conclusión de ese rencor a cuestas se hace más grande y cada vez más grande, devuelve a aquellas personalidades que no están listas para recibir este carnívoro carnaval. El Karma rige las almas dormidas, las vibraciones los planetas se mueven en sus cursos prescritos. Adiós y buena suerte a todo lo que se mueve, volteándose con todo el autodesprecio de un lobo. Para poder comerte mejor, pero no puedes resistirte. Desarrolla la complejidad de los mitos. La sabiduría no puede expresarse en términos racionales: si A fuma, entonces C arde en la flama. Cuando el fuego se va apagando sabemos que existe algo más dentro de lo que podemos ver ese animal que la música puede mover. Si vomitara un soneto de grillos, dirías que fue la belleza, lo femenino más allá de la forma tocó "La estrella azul" Tus sueños nunca sostienen el arco en el ángulo correcto es también un instrumento musical porque cazas con el hechizo. El destino interviene. Iré a donde mis deseos conduzcan al

trouble breathing in what we're REALLY thinking, so I guess I'll do some gardening. We are fooling ourselves. Fearing discomfort feels like a funnel, a magnifying glass setting fire to the tomatoes on the front porches of our psyches. Failure is not the problem. The Aware know that logic can be destructive. It is important to refuse to tolerate this is based on a misunderstanding ain't dying to offend you. I've just got a dyslexic heart chisel that cleaved away what was not the image thinking about staying. Or are you just playing making gifts form into an animal cleverness? A fish doesn't have feet, but every body has other dimensional realms. Pass me a napkin. It's psychic information. A pinch connects energy for a soul re-cognition. Let me ask you a question. Why does it seem our internal emotional landscape is erased each time we are born? This is not a dream. This is where you are experiencing a wound. There's imperfection in this cube, but we are here. We are in human, so

Picture your body/full of so many tools /your own physician

SOURCE MATERIALS:

Armstrong, Louis. "What a Wonderful World." *What a Wonderful World.*

Barnett, Courtney. "Avant Gardener." *Double Ep, The: A Sea of Split Peas.*

Case, Neko. "Night Still Comes." *The Worse Things Get, the Harder I Fight, the Harder I Fight, the More I Love You.*

Corax Studios. *Raven's Tarot Site,* 2010, www.corax.com/tarot/index.html

Rotstrickling, Eli. "Thoth Tarot Card Interpretations." *The Tarot of Eli,* LS Merchantile, 2015, www.eli-lsmerchantile.com/apps/blog/

Shepherd, Jan. *All the Tarot Cards Explained.* 1997, www.angelpaths.com/tarotl.html

Westerberg, Paul. "Dyslexic Heart." *Singles: Original Motion Picture Soundtrack.*

fracaso. Un 'ay' subyace en nuestras propias manos. Imagínate a manera de fuerza psicodinámica que opera una herramienta eléctrica que se conoce como "¡tu cuerpo!" Aún estás aquí, pero tengo problemas para inhalar lo que EN REALIDAD estamos pensando, así que supongo, trabajaré en mi jardín. Nos autoengañamos. Temor a la incomodidad se siente como un embudo, una lupa que enciende los tomates en los pórticos de nuestras psiques. El fracaso no es lo problemático. Los conscientes saben que la lógica puede ser destructiva. Es importante rehusar aceptar que esto se basa en un malentendido no muero por ofenderte. Solo tengo un corazón cincel disléxico que desapareció lo que no era la imagen pensar en quedarse. O de plano, ¿juegas a hacer regalos que se forman en inteligencia animal? Un pez no tiene pies, pero todo cuerpo tiene otros reinos dimensionales. Pásame una servilleta. Es información psíquica. Una pizca conecta la energía para reconocimiento del alma. Déjame hacerte una pregunta. ¿Por qué se tiene la impresión de que nuestro paisaje emocional interno se borra cada vez que nacemos? No se trata de un sueño. Esto es donde sufres una herida. Hay imperfección en este cubo, pero estamos aquí. Somos en humanos, así que

Imagina tu cuerpo/lleno de tantas herramientas /tu propio médico

MATERIALES FUENTE:

Armstrong, Louis. "What a Wonderful World." *What a Wonderful World.*

Barnett, Courtney. "Avant Gardener." *Double Ep, The: A Sea of Split Peas.*

Case, Neko. "Night Still Comes." *The Worse Things Get, the Harder I Fight, the Harder I Fight, the More I Love You.*

Corax Studios. *Raven's Tarot Site,* 2010, www.corax.com/tarot/index.html

Rotstrickling, Eli. "Thoth Tarot Card Interpretations." *The Tarot of Eli,* LS Merchantile, 2015, www.eli-lsmerchantile.com/apps/blog/

Shepherd, Jan. *All the Tarot Cards Explained.* 1997, www.angelpaths.com/tarotl.html

Westerberg, Paul. "Dyslexic Heart." *Singles: Original Motion Picture Soundtrack.*

The combined forces of Western civilization united

the past things that have vanished

use only numbers for bodies they classify

as "minor," the oldest religious symbols of humanity

a large white cross dominates the landscape

physical exposure, turned into potential nightmares

a people turned extreme together

dragged into the presence of the sinister

stars, and the violent Holy Rollers

the noise of thunder, the beasts

their reflexes run away with them

Cash, Johnny. "When the Man Comes Around." *Cash IV*
Hugo, Richard. "What Thou Lovest Well Remains American."
Making Certain It Goes On: The Collected Poems of Richard Hugo.
Jung, CG. "Individual Dream Symbolism in Relation to Alchemy." *Dreams*
Lantero, Erminie. *The Continuing Discovery of Chiron*
Lindsie, Hal. *The Late Great Planet Earth*
Reinhart, Melanie. *Chiron and the Healing Journey*
Rudhyar, Dane. *An Astrological Mandala*
Trease, Matthew. *B_rrowed Armageddon and other unpublished poems*
Waite, A.E. *The Pictorial Key to the Tarot* West,
Nathaniel. *A Cool Million*

ORÁCULO PARA UNA AMÉRICA ECLIPSADA #32

Las fuerzas combinadas de la civilización occidental unían

las cosas del pasado ahora desvanecidas

usan únicamente números para cuerpos que ellos clasifican

como "menor," los más antiguos de los símbolos religiosos de la humanidad

una cruz blanca grande domina el paisaje

exposición física, convertida en potenciales pesadillas

la gente vuelta extremo al mismo tiempo

arrastrado ante la presencia de lo siniestro

estrellas y los violentos Holy Rollers

el sonido del trueno, las bestias

sus reflejos escapan con ellos

Cash, Johnny. "When the Man Comes Around." *Cash IV*

Hugo, Richard. "What Thou Lovest Well Remains American."
Making Certain It Goes On: The Collected Poems of Richard Hugo.

Jung, CG. "Individual Dream Symbolism in Relation to Alchemy." *Dreams*

Lantero, Erminie. *The Continuing Discovery of Chiron*

Lindsie, Hal. *The Late Great Planet Earth*

Reinhart, Melanie. *Chiron and the Healing Journey*

Rudhyar, Dane. *An Astrological Mandala*

Trease, Matthew. *B_rrowed Armageddon and other unpublished poems*

Waite, A.E. *The Pictorial Key to the Tarot* West,

Nathaniel. *A Cool Million*

ANTHROPOCENIC: AN ASTRAL HAIBUN

May 18, 2015, 5:49 pm Pacific

☿ ***Rx at*** ♊ *13°*

A world famous pianist giving a concert—Sabian symbol for ♊ *13°*
Love distorts things. Each noun in a house a nova of votives. The 6th
glass solves an imbalance of wheels spinning, a reverse-photosynthesis
promising Mea vulva mea maxima without ever filling in what was
banned from music in the Middle ages. Wound healed is spirit
wound without conduit, leaving only self-taught, billion-year-old
carbon, and we've got to get our selves back. Fire is not made to rest
on grounds. All signs say you're in for a surprise. Love is something
you never ask for. It's an accompaniment, a tritone, the Devil's
interval you enter through the exit and exit. The past merely
concentrates a person. The "sensation" we called it. I thought the
point was to reveal the reliable stability of earth, but the mind has
solved how to say yes when you mean the concept of sin to combat
the love-fixated. You're supposed to be able to hold the cake dish with
one hand and cut it with the other. Golden ratios exist in parallel
parking spaces deemed too small by a gentrified need for control.
I don't understand such truces, this self-hatred, the point where the
journey to the inner depth begins. Basically, we're all waiting for
permission while the topography decides where the most attractive
hiding spots are. I could kind of see a kind of order, but the animal
side shouldn't be "mastered" in the mean-ing. And now, you're gonna
need your body. Nymph is an early stage in the life of an insect, a
time of insight, a symbol for the rise of the Phoenix. In any case, it
must have hurt like hell. You had some kind of vacuum in you the
vacuum cleaner invented. Can I interrupt here? The environment is
hot, explosive and fast, burning down the object so cleverly arranged
in all your anima abundance they all feel at the same time they can't

ANTROPOCÉNICO: UN HAIBUN ASTRAL

18 de mayo de 2015, 5:49 pm tiempo del Pacífico

☿ *Rx at* ♊*13°*

Un pianista de fama mundial da un concierto—símbolo sabiano del ♊13°
El amor distorsiona las cosas. Cada sustantivo en una casa una nova de
votivos. El 6° vaso resuelve un desequilibrio de ruedas que giran, una
fotosíntesis inversa que promete Mea vulva mea máxima sin siquiera
llenar lo que estaba prohibido de la música medieval. La herida sanada
es el espíritu envuelto sin conducto, que deja únicamente al carbono
autodidacta, de mil millones de años, y nosotros que tenemos que
recobrarnos a nosotros mismos. El fuego no está hecho para descansar
en la tierra. Todos los signos dicen que vas a recibir una sorpresa.
El amor es algo que nunca pides. Es un acompañamiento, un tritón, el
intervalo del diablo al que entras por la salida y sales. El pasado
meramente concentra una persona. "Sensación" la llamábamos. Pensé
que el meollo era revelar la confiable estabilidad terrestre pero la mente
ha resuelto cómo decir sí cuando te refieres al concepto de pecado para
combatir lo que está fijado por el amor. Se supone que tú puedes
sostener el portapasteles con una mano y cortarlo con la otra.
Las proporciones áureas existen en los espacios de estacionamiento en
paralelo considerados demasiado pequeños por la necesidad gentrificada
de control. No entiendo tales treguas, este auto odio, el punto donde
la jornada hacia la interna profundidad inicia. Básicamente, todos
estamos a la espera de tener permiso mientras la topografía decide
dónde se encuentran los puntos escondidos más atractivos. Podía casi
ver un cierto tipo de orden pero el lado animal no debe ser "domeñado"
en el signifi- car. Y ahora, vas a necesitar tu cuerpo. La ninfa es un
estadio temprano de la vida de un insecto, un tiempo de percepción,
un símbolo para el ascenso del fénix. En todo caso, debe haber dolido
un chingo. Tuviste cierto tipo de vacío en ti que la aspiradora inventó.

be seen from above. We see a graphic counting, the number, the synthesis, the power of condensation. The undirected love has found we are aware of its meaning, a virtue on its own just like an oven. The arson was justifiable, a hundred crimes committed in the name. I must say I have a hard time picturing enjoying loneliness starts with you always demanded more from the sunset, more spectacular colors when "Oh, shit! Here comes the sun" hit a repetitive sound effect in the dark. A word rippling

a scant sound sirens / a world resting begins / like a radio

Corax Studios. Raven's Tarot Site, 2010, www.corax.com/tarot/index.html.

Destroyer. "Dream Lover." *Poison Season. 2015.*

Mitchell, Joni. *Woodstock.* 1970.

Rotstrickling, Eli. "Thoth Tarot Card Interpretations." *The Tarot of Eli,* LS Merchantile, 2015, www.elilsmerchantile.com/apps/blog/.

Shepherd, Jan. *All the Tarot Cards Explained.,* 1997, www.angelpaths.com/tarotl.html.

Von Trier, Lars, director. *Nymphomanic. Netflix,* Artificial Eye, 2003.

¿Puedo interrumpirte aquí? El ambiente es caluroso, explosivo y rápido, quema el objeto tan inteligentemente coordinado en toda tu abundancia anímica todos se sienten al mismo tiempo que no pueden ser vistos desde arriba. Vemos un conteo gráfico, el número, la síntesis, el poder de condensación. El amor sin causalidad ha encontrado que somos conscientes de su significado, una virtud por méritos propios igual que un horno. El incendio premeditado era justificado, cientos de crímenes cometidos en el nombre. Debo decir que se me dificulta imaginar el deleite de la soledad que surge contigo siempre exigías más del atardecer, colores más espectaculares cuando "¡Mierda!" "Ya llega el sol" dio un repetitivo efecto de sonido en la oscuridad. Palabra ondulante.

diminuto sonido de sirena / un mundo en reposo inicia / como una radio

Corax Studios. Raven's Tarot Site, 2010, www.corax.com/tarot/index.html.

Destroyer. "Dream Lover." *Poison Season. 2015*

Mitchell, Joni. *Woodstock.* 1970

Rotstrickling, Eli. "Thoth Tarot Card Interpretations." *The Tarot of Eli,* LS Merchantile, 2015, www.elilsmerchantile.com/apps/blog/.

Shepherd, Jan. *All the Tarot Cards Explained.,* 1997, www.angelpaths.com/tarotl.html.

Von Trier, Lars, director. *Nymphomanic. Netflix,* Artificial Eye, 2003.

Marosa Di Giorgio

VI MORIR EL SOL

Vi morir el sol. El redondo centro y las larguísimas rayas que se enroscaron, rápidamente.

Salí, caminé sobre trozos de latas, piedras y tortugas.

En el prado me rodearon las violetas; los ramos sobríos y azules.

A mi lado, brotó un ser, del sexo femenino, de cuatro o cinco años, el rostro redondo, oscuro, el pelo corto. Habló en un idioma que nunca había oído; pero que entendí. Me preguntó si yo existía de verdad, si tenía hijas.

Otras, idénticas, surgieron por muchos lados; de entre los ramos, se desplegó, ante mí, todo un paisaje de nenas.

Miré hacia el cielo, no había una estrella, no había nada.

Recordé antiguas fórmulas, las dije de diverso modo, cambiando las sílabas; nada tuvo efecto.

No sé qué tiempo pasó, cómo pude saltar de las violetas.

Me alejé, desesperadamente, entré, cerré las puertas.

Pero, ya, había comenzado a zozobrar la casa.

Y aún hoy, se balancea como un buque.

Marosa Di Giorgio

I SAW THE SUN DIE

I saw the sun die. The center round and the long, long rays that curled themselves up, quickly.

I went out, walked on bits of cans, rocks and turtles.

In the meadow, the violets surrounded me; the bouquets somber and blue.

Next to me, a being sprouted, a female, about four or five years old, her face round, dark, her
hair short. She spoke in a language I had never heard; but that I understood. She asked me if I was real, if I had any daughters.

Others, identical, emerged all around; from among the bouquets, a landscape of little girls unfolded before me.

I looked up at the sky, not a single star in sight, there was nothing.

I recalled ancient formulas, I said them all kinds of ways, changing syllables; nothing worked.

I do not know how much time elapsed, how I was able to jump out of the violets.

I went away, in despair, I went inside, closed the doors.

But already the house had started to collapse.

And to this day, it sways like a boat.

Me estaba reservado lo que a nadie. "Voy a ver brillar los bichos."
De noche, azules y rosados, color caramelo, clavelina. Iban despacio,
cambiándose señales; u otros muy grandes, de capa negra y lunares
blancos (o blancas y lunares negros), que al chocar en algo firme,
se deshacían con un rumor de seda y de papeles.

Me daba cansancio y temor. Y así volvía a la silla única. Pero, en
el techo estaban boca abajo, matas que yo con peligro había plantado,
tomates y azucenas.

Las conjas de adentro de la casa miraban hacia eso con aflicción.
Y la Divinidad, peluda y brillante, descendia por la pared, eternamente.

It was kept for me and no one else. "I'm going to see the bugs glow." At night, blue and pink, caramel in color, carnation. They moved slowly, swapping signals; or others enormous, wearing black capes and white spots (or white capes and black spots), crashed into something solid and disappeared with a murmur of silk and paper.

It made me tired and afraid. And so, I returned to the only chair. But on the ceiling, face down, were plants that I had dangerously planted, tomatoes and lilies.

The rabbits inside the house looked at them woefully. And the Divinity, hairy and glowing, descended down the wall, eternally.

Puse un hueve, blanco, puro brillante: parecía una estrella ovalada. Ya, con intervalo de años, había dado otro, celeste, y otro, de color rosa; pero, éste era puro, blanco, brillante, y el más bello. Lo coloqué en una taza, con una mano arriba, para que no se le fuera el brillo; lo mimé con discreción, con cierta fingida indiferencia. Las mujeres quedaron envidiosas,

insidiosas; me criticaban; ostensivamente, se curbrían los hombros, y se alargaron los vestidos.

Proseguí, impertér rita.

No puedo decir qué salió del huevo porque no lo sé; pero, sea lo que sea, aún me sigue, su sombra, filial y dulce, se abate sobre mí.

I laid an egg, white, pure, glowing: it looked like an oval star. Now, after years, another, light blue, and one in pink had been laid; but, this one was pure, white, glowing and the most beautiful. I placed it in a cup, with one hand over it, to protect the glow; I coddled it discretely, with affected indifference. Women became envious, treacherous; they criticized me;
ostensibly, they covered their shoulders and lengthened their dresses.

I continued, undaunted.

I can't say what came out of the egg because I do not know; but whatever it was it still follows me; its shadow, filial and sweet, envelops me.

Du súbito, en la noche, misteriosamente, silenciosamente, la mariposa apareció. Se puso en un costado de la taza, venciendo graves leyes.

Traía un vestido, moderno, grande, casi sin forma, de un verde celestial, con puntos más oscuros, or plateados.

No quise llamar la atención sobre ella porque temía al otro comensal. Que arrimara su cigarrillo, pusiera fuego a esa gasa.

Temía al otro comensal, y temo a todo el mundo.

La mariposa no se iba.

Yo temblaba, levemente; el otro tuvo una actiud indefinible.

Por cortar la situación, propuse: "Vamos a bailar."

Y luego: "Vamos al jardín."

Sin querer le había puesto el nobre Irma y había hablado en voz alta.

Mi acompañante resondió:

"Pero, si era un muchacho."

Disimulando, pregunté: "¿Quién?"

"El camisa celeste, allá en tu taza."

Suddenly, at night, the butterfly appeared, mysteriously, quietly. It landed on the side of the teacup, a feat of nature.

It wore a dress, modern, large, almost without shape, celestial green, with darker dots, or silver ones.

I did not want to attract attention to her because I was afraid of the other dinner guest. That he would bring the cigarette too close, that he would ignite the gauze.

I was afraid of him, and I am afraid of the whole world.

The butterfly was still there.

I was trembling a bit. His attitude was indefinable.

So, to break things up I proposed, "Let's go dancing."

And then, "Let's go to the garden."

And, quickly I said, "I hope Irma has flown away."

Without thinking I had named the butterfly Irma and spoken aloud.

My companion replied:

"But, it was a male."

And, dissimulating, I asked: "Who?"

"The one wearing the light blue shirt, over there on your teacup."

Los animales hablaban; las vacas y caballos de mi padre, sus aves, sus ovejas. Largos raciocinios, paralamentos; discusiones entre sí y con los hombres, en procura de las frutas, de los hongos, de la sal. Yo iba por el bosque y veía al sol bajar, a la vez, en varios lugares; cuatro o cinco soles, redondos, blancos como la nieve, de largos hilos. O cuadrados y rojos, de largos hilos. Mi padre era el príncipe de los prados. Pero algunas mañanas lo desconocía, aunque a toda hora soñaba con él. Y, también, olvidé mi nombre (Rosa), y me iba por los prados, y, entonces, nadie se atrevió a llamarme. Y yo pasaba, lejos, de sombrero azul, envuelta en llamas.

The animals spoke. My father's cows and horses, his birds, his sheep. Long arguments, dialogues, discussions among them and with the men, in pursuit of fruits, mushrooms, and salt. I would go through the forest and see the sun coming down in several places at once; four or five suns, round, white as snow, in long filaments. Or square and red, in long filaments. My father was the prince of the meadows. But some mornings I did not recognize him, even though I dreamed about him all the time. And, also, I forgot my name, (Rosa), and I would walk through the meadows, and no one dared to pronounce my name. And I went, far, with a blue hat, wrapped in flames.

Vamos por la pared.

Mamá tiene alas marrones, sedosas; yo, alas violetas; al entreabrirlas se les ven varias capas de gasa. Proseguimos por el muro; con antenas finísimas tocando ramitas, ramas, de bálsamo, de perejil, y de otras cosas.

Parece que estamos libres de los semejantes que son azogue.

La luna es, a cada minuto, más blanca y oscura.

Y resplandece por todo el prado, aquí, allá, la Virgen de los Insectos.

Con ala y diadema y muchísimos pies.

We move along the wall.

Mother has brown wings, silky; Mine, violet; when I open them half-way you can see several gossamer layers. We continue along the wall; our fine antennae feeling twigs, bunches of balm, of parsley, and other things.

We appear to be free from the restless others.

The moon is whiter and darker by the minute.

And it shines over the whole meadow, here, there, the Virgin of the
    Insects.

With wings and tiara and so many feet.

¿Dónde, apareció la Virgen? Si pensamos, en un ramo de jazmín, en el frasco con azúcar, en el desván, la sala, la cocina, en el jardín. Estaba por todos lados. A la vez, por todos lados. Con vestido blanco, y capuchón, y en la mano, no sé qué, una fresia o un pollito. Yo quedé harta de esa repetición, reverberación. No era que me mirase; ella miraba hacia abajo, hacia adelante. Llamé a alguien que ni estaba, para que cortara eso. A ratos, todo quedó vacío, claro, me dormía, sonreía, pero en el sueño, ella sacaba, otra vez, un ala. Y de ahí a la realidad. La otra ala, las plumas; y en la mano no sé qué, un pollito o una fresia.

Los volados de cristal.

Where did the Virgin appear? When we think about it —in a jasmine bouquet, in the sugar jar, in the attic, the living room, the kitchen, in the garden. She was everywhere. At once, everywhere. With a white dress, and a hood, and in her hand, who knows- a freesia, or a baby chick. I was fed up with the repetition, reverberation. It was not that she was looking at me; she looked down, forward. I called someone who was not there, to finish it. At times, everything became empty, clear, I slept, smiled; but in the dream, she revealed a wing again. And then in the real world. The other wing, the feathers; and in her hand, who knows- a baby chick, or a freesia.

The ruffles of glass.

Ser liebre.

Lo veo las orejas como hojas, los ojos pardos, los bigotes de pistilo, un tic en la boca oscura, de alelí.

Va, paso a paso, por las galerías abandonadas del campo.

Se mueve con un rumor de tambor. ¿Será un jefe liebre? ¿Una liebre madre? ¿O un hombre liebre? ¿Una mujer liebre? ¿Seré yo misma? Me toco las orejas delicadas, los ojos pardos, el bigote fino, la boca de alelí, la dentadura anacarada, oscura.

Cerca, lejos, pían las liebres pollas.

Viene un olor de trébol, de margaritas amarillas de todo el campo,
    viene un olor de trébol.

Y las viejas estrellas se mueven como hojas.

Being a hare.

I see its ears like leaves, the russet eyes, the pistil whiskers, a tic in its dark mouth of sweet pea.

It moves, one by one, through the abandoned terraces of the country.

It moves with the rumor of a drum. Will it be a boss hare? A mother hare? Or a male hare? A female hare? Will it be me? I touch my delicate ears, brown eyes, fine whiskers, sweet pea mouth, pearly dark teeth.

Here, there, the chicken hares chirp.

Then, the smell of clover, of yellow daisies from all over the country
       side, then the smell
of clover.

And the old stars move like leaves.

Abrí las alas, cerca del techo, y me pegué. Marrón con manchas guinda y números desconocidos.

La madre de familia y los niños (que ya iban a la escuela) vieron que eran números desconocidos.

Querían arrancarme las alas.

No sé bien qué hablaban.

Yo estaba allá, arriba, sin peso.

Entró el padre de familia.

Trajeron adminículos; no sé bien qué hablaban.

Él me miró. Tal vez, casó en una zona de encanto y pena. Le parecí una mujer con vestido de baile.

Se apagó la lámpara.

¿Qué decidían?

En la oscuridad me volví negra, y mucho más grande; y los bordes de mis alas daban luz.

No podía irme porque los Hechos me habían puesto allí.

Ellos no se acostaban.

Yo seguía negra, inmóvil y cambiante.

I opened my wings near the ceiling, and I landed. Brown with cherry spots and strange numbers.

The mother of the family and children (who were school age already) saw the strange numbers.

They wanted to rip off my wings.

I did not really know what they were talking about.

I was there, up there, weightless.

The father of the family came in.

They brought some objects, I did not really know what they were
    talking about.

He looked at me. Perhaps, he was married in a zone of enchantment and sorrow. I looked like a woman with a ball gown to him.

The lamp was turned off.

What did they decide?

In the darkness, I turned myself black and much bigger; and the edges
    of my wings gave off light.

I could not leave because the Facts had placed me there.

They did not surrender.

I remained black, motionless and changing.

Cuando yo era lechuza observaba todo con mi pupila caliente y fría; no se me perdió ningún ser, ninguna cosa. Floté delante del que pasara por el campo, la doble capa abierta, las piernas blancas, entreabiertas; como una mujer. Y antes de que diese el grito petrificante, todos huían al monte de oro, al monte de las sombras diciendo: ¿Y eso en medio del aire como una estrella?

Pero también, era una niña allá en la casa.

Mamá guardó para sí el misterio.

Y miraba a Dios llorando.

When I was an owl I watched everything with my hot and cold pupil; no living being escaped me, not one. I floated ahead of he who moved in the fields, double cape open, white legs; apart; like a woman. And before I would give my petrifying squeal everyone would run to the golden hill, to the hills and shadows saying — "That thing in the middle of the air like a star?"

But I was also a child, there at home.

Mother kept the mystery for herself.

And looked at God crying.

Una terrible mariposa negra llegó en la noche y se posó en el techo. Sabía todos los juegos sexuales. Aterrados, nos hicimos los desentendidos. Pero ella bajó; hasta murmuró algo; a uno, le pegó en el rostro; a otro, se le paró en el pecho; yo corrí, llamando a alguien que no estaba, la casa solitaria, el viento.

Ella me cercó, me conminó; a cada uno, cercaba y conminaba. Estuvo activa durante toda la noche; logró, paso a paso, sus designios. En el alba se fue sobre las arboledas.

Cerramos, dos veces, las ventanas, las cortinillas. Que no llegase, nunca más, el día. Huimos a la oscuridad, locos de miedo y de vergüenza.

A terrible black moth arrived in the night and landed on the ceiling. She knew every sexual game. Terrified, we pretended we did not understand. But she descended; she even whispered something; she hit one person in the face, she stood on the chest of another; I ran, calling out for someone who was not there, the lonely house, the wind.

She encircled me, admonished me; she encircled and admonished each of them. She was active throughout the night; she achieved, step by step her plans. At sunrise, she flew away over the forest.

We closed the windows and the curtains, twice. Don't let day come, never again. We escaped to the darkness, wildly frightened and ashamed.

Era la cena familiar, sombría, la de siempre. A la luz de la luna, de los cirios, se contaba la misma historia. Estaban todos los habitantes de la casa, de algunos de los cuales no sabía el nombre; y los perros y los gatos, estriados pero ansiosos. Veían las papas sin color, los espárragos, la leche.

De pronto, me turbé. Desde la espalda me saltaron dos pétalos, que se volvieron alas, enseguida, en el tamaño justo. Y de un rosa incendiario, deslumbrador, salpicado de puntos brillantes, los tonos de las fresias, todos los escalones del rosado y un perfume profundo a rosa.

Miré y nadie decía nada, ¿me había vuelto invisible hacia los otros? Pero después, oi que hablaban y rezaban. Algunos se rieron (como siempre); los perros y los gatos corrían a ocultarse. Una de las primas lloró, dijo que ella, también, quería alas.

Y yo estaba inmóvil, de pie.

Y no sabía qué hacer.

Adónde dirigirme.

It was the usual family dinner, somber. Under the light of the moon, of the candles, the same story was told over and over. All the house's inhabitants were present, some of whose names I did not know; and the dogs and the cats, stretched out but anxious. They saw the potatoes, the asparagus, the milk in black and white.

Suddenly I was distressed. Two petals sprouted from my back and soon became suitable wings. Of an incendiary, blinding pink, splashed with brilliant spots, in tones of strawberries and freesias, all the shades of pink with a heavy rose perfume.

I looked around and no one said anything. Had I turned invisible to the others? But later, I heard them talking and praying. Some of them laughed —as usual— the dogs and the cats ran away to hide. One of the cousins cried, and said she wanted wings too.

And I stood still.

And I did not know what to do.

Where to go.

Los "tucus-tucus," los topos de subtierra. Con los ojos ingenuous, aviesos, parecidos a los muertos. Su familia y la nuestra habían vivido, desde tantos años, en el mismo sitio. Nostotros, en la casa de arriba; ellos, en las casa de abajo. Se comían las arvejillas, las raíces; pero de ellos, eran el cántico del atardecer, los atardecer, los tamboriles que decían, siempre, lo mismo, y daban un leve sobresalto.

Recuerdo a las novias de los huertos, curzando las eras, para ir a casarse, vestidas de nieve y al compás de los escondidos tambores.

Y la luna pálida como un huevo (de las grandes lluviaas); o la luna roja (de las sequías).

Y mi porvenir confuso, sin llegar a nungún sitio, salir del bosque, del negro canto. ¿Qué era eso que decían los topos, que yo no entendía?

The "tucus-tucus," the moles of the underground. With those naïve, perverse eyes, like the dead. Their family and ours had lived for many years in the same place. We, in the house above; they in the house below. They ate the sweet peas, the roots; but the sunset hymns, the drums that always said the same thing and gave a small shock were theirs.

I remember the brides of the orchards, moving through the ages, in time with the hidden drums, to marry dressed in snow.

And the moon pale as an egg (during heavy rains); or the red moon (during droughts).

And my confusing future, not going anywhere, leaving behind the forest, the black song. What was it that the moles were saying, that I did not understand?

¡Apareció la Virgen! con el vestido verdepálido, oscuro, con que venía siempre, aunque a ratos era celeste; el rostro, almendra, los ojos entrecerrados; y la deslumbrante cabellera rojoa que fue su distintivo.

A los pies tenía algún espacio que nadie parecía cruzar.

Un bosque de voces clamó: ¡La Perla! ¡Apareció la Perla! (Por ahí le llamaban La Perla). ¡La Margarita!

Es decir, la Doncella del Mar.

The Virgin appeared! with the pale green, dark dress that she always wore, although at times it was light blue; the almond face, the eyes half-open; and the blinding red hair that distinguished her.

At her feet, there was a space that no one seemed to cross.

A forest of voices called: The Pearl! The Pearl appeared! (Over there, she was called The Pearl) The Daisy!

In other words, the Damsel of the Sea.

THE NEO-BAROQUE:
A CONVERGING IN LATIN AMERICAN POETRY

"The shore is pebbled with eroding brick"
-Robert Lowell, *Notebook*: "Long Summer"

I SEE TWO BASIC LINES IN TODAY'S LATIN AMERICAN POETRY. One is a thin line, the other thick. The geometry of the thin is linear, its expression familiar, colloquial. The geometry of the thick is prismatic, convoluted, its expression turbulent and dense.

The first line I associate more with American and more traditional Latin American poetry, aspects of its already assimilated avant-garde included. I associate this line with, say, Robert Lowell, a certain pellucid Eliot, the work of Elizabeth Bishop.

The second line, the thick line, I associate with international poetry. It has a stronger sense of convergence and diversity. It is more opaque, but in spite of its thickness is more encompassing. This international poetry includes aspects of 20th Century American poetry, as well as a basic source rooted in the Spanish Golden Century Baroque, Góngora and Quevedo above all, plus some sprinkling of the English Metaphysical poets, an attachment to the poetry of Stéphane Mallarmé, and a strong and fruitful contact with the work of, for instance, Ezra Pound, and in certain younger poets, with Louis Zukofsky, Charles Olson and John Berryman. Were you to move into modern music, John Cage, Philip Glass and the French Catholic mystic composer Olivier Messiaen could represent a diversity of musical sources transfused into this thicker trend of poetry.

Let me now say that the thin line of poetry in Latin America proliferated during the first half of the 20th Century. You find it, for instance, in Huidobro, Neruda, Gabriela Mistral, Eduardo

Carranza, Salvador Novo, Octavio Paz, Nicanor Parra, Ernesto Cardenal, Heberto Padilla, Eliseo Diego and Gonzalo Rojas, to name a few.

There is an intermediate line, which gets thicker, and includes the great Peruvian poet César Vallejo, the Argentinean surrealist Oliverio Girondo and his confrere the Peruvian Emilio Adolfo Westphalen, as well as Carlos Germán Belli and Francisco Madariaga.

However, real thickness, a poetry to be associated with the spheres of James Joyce, Marcel Proust, Herman Broch and Gertrude Stein, with our own Golden Century, and the Baroque of Francisco Medrano, the Mexican Sor Juana Inés de la Cruz and the previously mentioned Góngora and Quevedo, will only be found in the more recent poetry of the so called Neo-Baroque poets, a group, or rather groups of individuals, living (some have recently died) in the second half of the 20th Century. It is these poets (this "thick line") that this essay is concerned with.

The Neo-Baroque poets work, abundantly, in all the Spanish speaking countries of this continent, Brazil very much included. Their poetry has the oozing, curling, entanglement and reverberation of multiplicity and proliferation that you find in the works of Virginia Woolf and, above all, Gertrude Stein. Their Latin American foundational fathers are the Cuban José Lezama Lima and the recently deceased Brazilian poet Haroldo de Campos. These two writers are our progenitors, the father figures of a fairly large group of poets working voraciously and productively from Patagonia to Havana, in both Spanish and Portuguese. The Neo-Baroque is both a dispersed yet highly coherent and resilient group. Dispersed because these poets live in different countries, far away from each other, but related, since their aesthetic points of contact are manifold, and since communication is now instantaneously possible between them via the enslaving magic of the internet. They constitute an elite, not an elite of money, but rather of the literate and the culturally rich. Moreover, I would term them an open-minded elite, unwilling to reject any materials that can be reconfigured, and converted into poetry. They work in extreme dislocation, stretching language to the utmost, all sorts of language, joyfully participating in the liberties of the Baroque. Their writing is not geared to lust but (at its best) to lust as worship. Each and all of them, rather than Poet, is a configuration of many voices, polyphonic, choral. And those voices manifest themselves more a-thematically than otherwise, showing a tendency towards atonality, the obscure to be revealed through close reading, and obscurity as an instrument for understanding the spiritual, as well as reality when confronted by variety and the threat and dread of Nothingness.

Reading these Neo-Baroque poets requires patience, patience and great reading experience. The asana or body posture has to collaborate with the act of reading, which has to be unprejudiced, open to the new, aware of different traditions in different languages, ready for immersion in miscegenation.

You can, at this point in history, read Borges, Neruda, Parra or Paz more rapidly, since their poetry has fewer obstacles than ours: it is more conceptual, symmetrical, harmonious. Moreover, their adventurous vanguardism has been by now assimilated. However, reading Vallejo, especially his book *Trilce,* requires the patience of the eye that moves slowly. The texture in a *Trilce* poem is dense, full of breaking points, lines of evasion, dispersion, proliferation, propagation within the text through anacoluthon, and the unexpected through language manipulated to its extremes. It transfigures itself as text through the abrupt and unexpected. It is as if words were rushing to the outside of the written page, or as if their gravitation was simultaneously vertical and horizontal, "mixing memory and desire," heaven and earth, with the subsoil.

Even Vallejo, however, is a poet that stays within a given framework. If compared with, for instance, Ernesto Cardenal, Vallejo's poetry is less linear. An epigram of Cardenal is, in its linearity, a brief, immediately comprehended syllogism. At the same time, both Vallejo and Cardenal are less traditional in their conceptions of poetry than, say, Pablo Antonio Cuadra or Eduardo Carranza.

A Neo-Baroque poet, different from all of them, tends not to stay within a given framework but rather, I would say, is all over the place. He deals in abrupt syntax, displacement, and a non-systematic system that can be found, *mutatis mutandis*, in the poetry of Olson and Zukofsky. The space of the Neo-Baroque poet is splintered. It has, of course, its own logic, a logic that includes, and at times prefers, the illogical, in the way an atheist includes God in his thoughts.

Now, the poetry of José Lezama Lima and Haroldo de Campos is still more complex than, say, Vallejo's. To read them, and therefore, to read us, you have to breathe differently: more asthmatically. Oxygen in our poetry is somewhat lacking, or rather, it concentrates more at the subsoil level, among the worms. Thus, the Argentinean poet Néstor Perlongher writes: *"vermes de rosicler urdiendo bajo el césped un laberinto de relámpagos"* ("rosy hue of dawn worms warping under the lawn a labyrinth of lightning").

These poets are ideologically naked, both in terms of politics and poetry. Therefore, you can only deal with them referentially, in terms of the poem itself, and not through political or poetical analogies that tend to explain through context. There is, basically, no need for context in order to read Lezama or a Neo-Baroque poet. There is a need for slow immersion, a deep-sea diver-like immersion in a milieu where gravitation changes constantly, and the pace is different since it can move in all sorts of directions at the same time, without a specific chronology, and where the breathing requires new forms of concentration. Reading them requires a faith, an acceptance, that these diverse materials function as unity, a mess within unity, but nonetheless a cohesion and not pure chaos and disconnection.

The Neo-Baroque is not a group in the sense that the Generation of '98 or the Generation of '27 in Spain were groups; yet these poets have a family air, a congruous homogeneity in disparity. All of them, all of us—and please bear in mind that in this story there is a we, there is an us—form a family. And as in every family, there are plenty of quarrels, dissidence and malicious gossip.

We do not reject, but rather incorporate, the linear and the traditional, at times mocking it lovingly, at times furiously distorting it, at times quietly and respectfully accepting it. We read and humbly acknowledge the work of, say, Sylvia Plath, Anne Sexton, James Schuyler or James Merrill, and their Latin American differing counterparts, the Venezuelan Rafael Cadenas, the Nicaraguan Carlos Martínez Rivas, the Cuban Gastón Baquero. However, we are otherwise: dense, asymmetrical, more dodecaphonic than classical, without a specific center but rather involved with a proliferation of centers. We have no real program to offer, no basic theme above and beyond the inescapable themes of Eros and Thanatos, themes that we tend to distort, mock, deconstruct, and hopefully revitalize.

Ours is a poetry where language is both King and Queen. An all-inclusive language that does not reject any materials, for it can squeeze poetry out of coprophilia or necrophilia as much as from the beauty of vegetation. It is cosmopolitan in nature yet highly localized, so that a Neo-Baroque poet is comfortable with a Havana street or Li Po drinking with his friends a cup of sake at the foot of the Sacred Mountain of Tai Chan, with the denseness of the Amazons or Matto Grosso as well as with the surface visual experience of the Pampas, the Atacama Desert or the Russian tundra.

The Neo-Baroque does not fear detritus and garbage. It exalts the pestilential and decayed, and never presents reality in black and white. It moves sideways like the crab, and it constantly weaves like the spider. Its movement ends towards the zigzag, which, as in the case of insects, constitute an organization, with means and ways, modes and quirks, based on variation, modern imagery, clips, shots, and the intermittent. Our diversity and zigzagging are natural, attuned to the times we live in.

Our poetry is difficult to read, we are fairly unknown and isolated, we don't sell, we make no money, many of us are broke (fortunately I am not), we consist of different races, sexes, sexual orientations, religions, nationalities and ethnicities, and as we write our performances are all over the place, yet in more ways than one we are realistic. There is a form of Neo-Baroque wisdom that knows how to live, or perhaps survive, in the modern world. Our work is open and androgynous, hard to place. We accept, for didactic reasons, the Neo-Baroque label, yet we reject such a limitation. This poetry operates as syntax in distortion, contains a rich vocabulary, mixes levels as well as national peculiarities of Spanish and/or Portuguese, at times regional and at times universal. This mixed language is Nuyorican, Chicano, Peninsular, Mexican, Colombian, Nordeste, and slips easily to expressions in Esperanto, the European languages, Greek, Latin, or as in my case, Yiddish plus Cuban idiolects.

The Argentinean Néstor Perlongher operates in a cross dresser's world, whereas the Uruguayan Roberto Echavarren directs his attention and his language to a homoerotic world, as in his poem "The Lady of Shanghai." Tamara Kamenszain is an Argentinean poet who exalts the Japanese Noh theatre. The

Argentinean Reynaldo Jiménez writes about moss, miniatures, incidental noise *a la* John Cage, or the circularity of Nothingness, but not about the traditions of tango, the Pampas and drinking maté tea. The Uruguayan Eduardo Espina is a thick poet, highly compressed, tragic when comical and comical when tragic: to read him you need patience, a patience that I can assure you is rewarding.

To read any of us you need the concentration and devoted patience that is required when reading Joyce's *Finnegan's Wake*, Mallarmé's *Igitur* and *Un coup de dés* or Gertrude Stein's *Tender Buttons*.

In my own writing I combine my Jewish background with my Cuban nationality, my American experience, my devotion for Oriental culture and literature, to produce work that I consider transnational and multicultural. I am not only what I eat, I am also, and perhaps mostly, what I read.

Our forefathers read with intensity and devotion: we are perfectly aware of the reading voracity of poets such as Lezama Lima, Jorge Luis Borges, Haroldo de Campos and Octavio Paz; yet there is a difference in our diverging reading experiences. To put it bluntly, we also read the comics. We read and utilize in our work sub rosa literature, the so called *"culebrones"* or soap operas, digesting, regurgitating and rewinding all this cheap matter. Neo-Baroque doesn't fear what's kitsch, nor does it shy from fooling around with the text. Literature is not stiff, non-pliable matter.

The Cuban poet Eugenio Florit claimed that he spent the last years of his long-life reading Goethe. I believe he did. Not that he was a specialist, but he belonged to a generation more attuned to the Classical. We, however, belong to a period in history that is attuned to the Classical *in addition to* detritus, attuned to order *as well as* chaos. We read in a dispersed, somewhat uncontrolled and multidirectional way. I cannot conceive a Neo-Baroque poet spending the last years of his life reading a single author, or reading about a single theme, without constantly deviating in their reading.

Recently, while in Mexico, I was walking with David Huerta, and I clearly remember we started talking, enthusiastically, about the work of Haroldo de Campos, and ended discussing certain aspects of Berceo, including his rather open-minded religiosity and aspects of his so-called anti-Semitism. Which then moved us to Quevedo's anti-Semitism and his particular rejection of Góngora's poetry. We also joked, myself explaining some esoteric aspects of Cuban joking, and Huerta explaining the way Mexican *"albures"* operate (highly distorted jokes, mostly based on punning and language contraptions).

Thus, we read, and discuss literature *"a salto de mata"* or jumping frames, shifting from one thing to the other. The American essayist, translator of the Classics, and prose writer Guy Davenport (to me one of the most important living writers in the country) says that he reads throughout the day different texts in accordance to the passage of the hours, the season of the year, his personal mood, even having a need to change rooms, position and place of reading (at times a chair, at times a sofa, others a bed) in accordance to the material he reads. It seems to me this is how a Neo-Baroque poet reads. I, for instance, will begin the day reading poetry, then spend hours reading fiction, afterwards I normally read a chapter of the Bible, a few pages of a dictionary or an encyclopædia (I am nowadays reading a huge dictionary of religions), spend some time reading the young, who usually send me their books for an opinion or plain sharing, and will end up the day again reading fiction. Also, I read every day alternating Spanish and English. All the Neo-Baroque poets I'm in contact with read this way. We never single out a writer and read him or her systematically; rather, as I said before, the trend is to jump from one thing to the other, and to include all possible literary genres. Everything fits in our poetry. Nothing is, in principle, discarded. The discarded, waste, rubbish, the refuse, is part of the text, and many times is the text in its entirety.

To give a more concrete view of what we are doing, let me return to the didactic, and somewhat superficially create three "basic" models. I would like to term these three models or categories as Heavy, Medium Heavy (or perhaps Medium Light) and Light. I will attempt to give a characterization of the work of a few Neo-Baroque poets that I can fit into one of the above-mentioned categories. For the Heavy I will present to you the poetry of Eduardo Espina and Reynaldo Jiménez. For the Medium group I will introduce the work of Roberto Echavarren and Néstor Perlongher. And finally, I will characterize the "lighter" work of Raúl Zurita.

All these poets are dense and complex, difficult to follow and digest, yet the texture of their material moves from heavy to light. What they write, if compared, for instance, with the anti-poetry of Nicanor Parra, lacks in steadiness, a unity of form and content, a chronology. Take a poem by Parra and notice its syllogistic structure: it moves forward, line by line, stating, pushing linearly ahead from main to secondary premise, to a conclusion or dramatic denouement. It normally ends with a punch line, a final impact that in a sense is programmatic. Its purpose is to kick the butt of the bourgeoisie.

In the case of the Neo-Baroque poet, the procedure or strategy is lateral, non-programmatic, sharp edged or purposely flat, detached or falsely emotional, containing no story or using story only as a pretext for language exploration. It often is a dull edged construction more than an entablature perfectly joined and put together. No splinters here.

Eduardo Espina (Uruguay, 1954) will be my first example of a "thick" poet. Creator of the term "barrococo," a term beyond modern and popular "rococo," his work is among the most difficult to read. Claudio Daniel, my Portuguese translator, who is perhaps one of the Brazilian poets that is doing more to create a bridge of true communication between Brazil and Spanish America, was at the verge of suicide when translating Espina. I told him to go to a mad house for a while. Espina operates by using the contingent and banal in order to try and reach the transcendental. He vandalizes reality to show banality, action and unity are dismembered, and snobbishness is made evident in order to corrode it. Ugliness is vindicated. Words are reunited in a suffocating enclosure: Espina's claustrophobic square page. Disruption is its basic strategy. He alters and alternates, so that when he writes a series of *"homenajes"* (eulogies) they are dedicated to Emily Dickinson, Walt Whitman and Columbus, but also to Superman. A highly synthetic poet, in Espina the title and the subtitle of a poem play an antagonistic, at times unrelated role, containing as much beauty and poetical magic, laughter and embarrassment, as the entire poem. His work tests the limits of logical and sequential grammar, mangles it in a never-ending slippery process which hardly reaches a target, since it has no target one can speak of.

Reynaldo Jiménez (Peru, 1959, though he has spent most of his life in Buenos Aires and is considered an Argentinean poet). Jiménez is also an essay writer and editor; I would like to label his poetry, together with the work of the Mexican poet Coral Bracho, as "microscopist." Using an echo system, and operating with the phonic texture of words, Jiménez moves surface into interior, magnitude into microscopic infinity. He proliferates language as moss, humidity, an all-absorbing sponge nourishing itself with the becoming of all invisible or minimized life. A love for interstices, galaxies of related words, springing from each other through paronomasia. His poems are a porous labyrinth, a cosmos of almost nothing, the inside of the folded innermost; a cosmos to be obsessively explored, since *"desde la mano/ hasta la mano, se reparte el cosmos,"* (from the hand/ to the hand, the cosmos is shared). Each fold is an aspect of expression, obviously poetic expression, and its totality, a movement in which words are beings in a state of constant flux, chains of multiplication ingesting and being ingested, a movement which is non-categorical and unstable, a specificity that cannot be retained.

Let me now exemplify a second model of the Neo-Baroque, the one I termed Medium Heavy or Medium Light, by saying, to start with, a few words about the poetry of Roberto Echavarren (Uruguay, 1944). A poet, theoretician of the Neo-Baroque (together with Milán, Espina and Kamenszain), a translator and an academician of a wide range of interests, Echavarren's poetry alternates between intense subjectivity and intense objectivity. His language tends to be dense, yet pristine and luminous, and porous enough, so that reading him is not as difficult as, say, reading Deniz, Espina or Jiménez. He does not operate in a given style but, through insinuation and seductiveness, rather as a continuity of ever-changing styles that create a plurality of manner (and at times, mannerism) within the framework of the Neo-Baroque. His poetry is nomadic, yet his tribe does not only live in the desert; it also lives in the great cities of the world, its museums, meandering streets, the danger of night life in the obscure, secretive urban marginal worlds where the transvestite, the rejected, the underdog lives. Echavarren can just as easily make poetry out of an Ingres painting, Antinous as a homoerotic emblem, a second-rate film, video clips, Memphis, Egypt, or New York. He uses pun and plays with double entendres in order to expose the multiple levels of both transcendental and daily reality:

"¿Su papá no fue un papito?" writes Echavarren, meaning, "Was not his father a papito?" where *papito* can mean both a lovely, tender father, and a *souteneur,* gigolo or pimp.

Néstor Perlongher (Argentina, 1949 – Brazil, 1992, a victim of AIDS). Perlongher writes in his early poetry about the Austro-Hungarian Empire, placing context in a transnational, non-identifiable space. He will mix, in his future work, Argentinean and Brazilian speech, traditional history with the present. Perlongher returns thematically to the revolution of mores (he was a Sociologist), Latin American militarism, the drug cult, AIDS, and Evita Perón, whom he calls the prostitute goddess, in order to debunk reality, perhaps AIDS excluded. Art is there not to depict photographically but rather to trigger the ever-changing continuity of inapprehensible reality, and a language frustration that is ever present when attempting to capture the flow of historical, poetical and/or the real in Reality. On purpose, willingly, Néstor Perlongher confuses so called clear ideas, moving them to the edge, in the hope of injecting them with a new, more up to date, clarity. His poetry questions sexual identity, literary genre. It responds to whether something is prose or poetry, or whether someone is male or female, with irony, irritation, laughter, and of course, ambiguity: the ambiguity of modern poetry, which by questioning itself, ends up dealing with knowledge, ambiguously.

An example of a "lighter" poet in the Neo-Baroque is Raúl Zurita (Chile, 1951). His work can be characterized by its audacious experimentalism, the attempt at novelty, social protest without a closed ideological form, a sense of performance that is continuous, and, from the biographical point of view, a need or at least a desire to exhibit his own body as an example of close reading between body and the written page: what happens in the page ought to happen in the body. Thus, if in his poetry Zurita burns with words, at one point he will take a preheated iron bar and burn his own cheek in order to leave an imprint on his flesh. Exhibitionism, on one-hand; performance on another; but above all, commitment in terms of a union between one's life and one's work: no cleavage there. If he attempts destroying himself, or at least a fragment of himself, he does it to show a pained awareness of the modern world, with its dirty politics, its egoistic manipulations, the madness of the few against the indifference of the many. At times Zurita works with mathematical axioms, at times he introduces the stark geographical reality of his country (as in his lovely poems about the Atacama Desert), at times he honors Chilean traditional poetry using the different modes of Gabriela Mistral, Neruda, Pablo de Rokha, Gonzalo Rojas and Nicanor Parra. His is continuous fragmentation, a text stating itself, then contradicting the statement, then restating against the contradiction: a never ending Heraclitean flux. Thus, one never reaches meaning as consolidation of all meaning. The vision remains diffuse and splintered, syntax is perverted, altered, re-altered, then brought back to normalcy. In his face Zurita exhibits the landscape of Chile, be it mountain or desert: the scars, erasures, blotches of the written page also show, perform and sing in his cheeks.

Charles Ives, the great American composer, has dedicated a lucid essay to Thoreau, in which at one point, he says: "He [Thoreau] seems, rather than letting Nature put him under her microscope, to hold her under his." And he adds: "The study of Nature may tend to make one dogmatic, but the love of Nature surely does not." Were we, simply, to write Poetry where Ives writes Nature, we would have a good view of the credo that a Neo-Baroque poet expresses in his work: he is an instrument of Poetry and not Poetry, a humble potter and craftsman at work, and not a Creator, the Hand of the Dyer, let us say, rather than the Maker of Dye.

Moving under the microscope of poetry the Neo-Baroque poet writes microscopically, while inscribing the macrocosm. And this the poet does not do dogmatically but rather out of love. Thus, a summary of Neo-Baroque poetry would include notions such as dispersion, the re-appropriation of former styles, styles that move in barbaric landscapes, where ruins are put together, a writing where the *trobar clus* and the hermetic proliferates, where there is great turbulence, unnatural mixtures, a joy geared to combining languages, the dissolving of a unidirectional sense, no praising of the self or the ego or the I; polyphony, polyvalence and versatility, utilization of former styles in order to deconstruct them, creating a true explosion of different forms of writing, a soiling of materials, a signature towards the ugly, the sordid, the recyclable: all these characterize the Neo-Baroque. Indeed, this is a poetry that in its diversity works out of love and not for the sake of dogma as imposition.

I would like to end by saying that since the death of both Octavio Paz and Haroldo de Campos, there are no more sacred cows when it comes to poetry in Latin America. When I say sacred cows, I don't mean this to be derogatory but simply a description of a historical situation. Our forefathers, whether Neruda, Huidobro, Vallejo, Lezama, or Paz, were perceived as grand, grandiose, never interchangeable, as separate as boulders in a landscape. What you have now, on the other hand, is a new phenomenon: a group of poets (I can easily mention forty, fifty of them that I read with respect and a growing interest) whose members are not considered to be clashing with each other, one of them being a better poet than the rest. Rather, they are considered by their peers as *primus inter pares*, not boulders but gravel, wherein instead of competition you have a hybrid group, ideologically naked, happily or unhappily productive, each feeling his or her presence and work to be a first among firsts, so that no one is diminished.

There is, I realize, a level of idealization in what I'm saying, yet I feel that we are moved by historical forces that are divorcing themselves from excessive lust, vanity, idolatry. When I was young, I was walking one day on Eighth Street, Greenwich Village, New York, with a famous Latin American poet. At one point he grabbed me by the arm and said to me: "José, don't you think I beat Vallejo by a nose?" I looked at him and replied, instinctively: "Please remember that you are flat nosed." (*"No te olvides, por favor, que eres ñato"*). Obviously, he never talked to me again. I didn't mind and I don't mind to this day.

I don't think poetry is a rat race or a dog eats dog affair. On the contrary, poetry to me is an experiment in the unknown, a search for beauty, knowledge and wisdom through the mystery of a complex, multidimensional, simultaneous language, that at a given point is received, transmitted, and yet not fully understood or rigidly controlled by the poet.

-José Kozer

EL NEOBARROCO:
CONVERGENCIA EN LA POESÍA LATINOAMERICANA

"The shore is pebbled with eroding brick"
-Robert Lowell, *Notebook:* "Long Summer"

VEO DOS LÍNEAS BÁSICAS EN LA POESÍA LATINO-
americana actual. Una de ellas es fina y la otra gruesa. La fina
es geométricamente linear, su expresión familiar, coloquial. La
gruesa es de geometría prismática, intrincada, su expresión
tumultuosa y densa.

La primera línea la asocio más con la poesía estadunidense
y la latinoamericana en su expresión más tradicional, incluidos
los aspectos de su ya asimilada vanguardia. Asocio esta línea,
digamos con, Robert Lowell, el transparente Thomas S. Eliot o
el trabajo de Elizabeth Bishop.

La segunda línea, la gruesa, la asocio con la poesía internacional; tiene una convergencia y diversidad más fuertes, resulta
más opaca, pero a pesar de su grosor, es más integradora. Esta
poesía internacional incluye facetas de la poesía de los Estados
Unidos del siglo veinte y tiene un enraizamiento esencial en el
siglo de oro del barroco español, Góngora y Quevedo, sobre
todo, además de unos cuantos matices de poetas metafísicos
ingleses, una conexión con la poesía de Stéphane Mallarmé, así
como un fructífero y fuerte vínculo con la obra, por ejemplo,
de Ezra Pound y otros poetas jóvenes como Louis Zukofsky,
Charles Olson y John Berryman. En términos de la música
moderna, serían diversas las fuentes trasvasadas a la poesía de
línea gruesa, por ejemplo, John Cage, Philip Glass y el compositor místico católico francés Olivier Messiaen.

Permítaseme decir que la poesía de línea fina en Latinoamérica
proliferó durante la primera mitad del siglo veinte. Esta se la

puede encontrar en Vicente Huidobro, Pablo Neruda, Gabriela Mistral, Eduardo Carranza, Salvador Novo, Octavio Paz, Nicanor Parra, Ernesto Cardenal, Heberto Padilla, Eliseo Diego y Gonzalo Rojas, por mencionar solo algunos.

Existe una línea intermedia que va engrosándose e incluye al gran poeta peruano César Vallejo, al surrealista argentino Oliverio Girondo y a su colega, el también peruano, Emilio Adolfo Westphalen, así como Carlos Germán Belli y Francisco Madariaga.

Sin embargo, el grosor verdadero, una poesía que ronda las esferas de James Joyce, Marcel Proust, Herman Broch y Gertrude Stein con nuestro propio siglo de oro y barroco de Francisco Medrano, la mexicana Sor Juana Inés de la Cruz y el mencionado anteriormente, Góngora y Quevedo, solo se encontrará en la poesía más reciente de los poetas llamados neobarrocos, un grupo, o, mejor dicho, grupos de individuos, vivos (algunos fallecidos recientemente) de la segunda mitad del siglo veinte. Son estos poetas, pertenecientes a esta llamada "línea gruesa" los que interesan en el presente ensayo.

Los poetas neobarrocos trabajan de manera abundante en todos los países de habla hispana del continente, incluido también, Brasil. Su poesía tiene la fluidez, el ensortijado, el embrollo y la reverberación de la multiplicidad y prolijidad que uno puede encontrar en los trabajos de Virginia Woolf, y, sobre todo, Gertrude Stein. Entre los precursores latinoamericanos se encuentran el cubano José Lezama Lima y el recién fallecido, poeta brasileño, Haroldo de Campos. Estos dos escritores son nuestros progenitores, las figuras paternas de un grupo bastante amplio de poetas que trabajan voraz y fecundamente desde la Patagonia hasta La Habana, tanto en español como en portugués. El neobarroco es un grupo disperso y sumamente coherente y tenaz. Disperso porque estos poetas viven en diferentes países, alejados uno de otro, pero relacionados porque sus puntos estéticos de contacto son múltiples y porque la comunicación es ahora posible de manera instantánea a través de la subyugante magia del internet. Constituye una élite, no en términos económicos, sino, rica desde el punto de vista cultural y literario. No obstante, preferiría catalogarlos como una élite de mente abierta, incapaces de rechazar material alguno que pueda reconfigurarse y convertirse en poesía. Trabajan en extrema desunión, dilatan al máximo el lenguaje, todo tipo de lenguaje, participan gozosamente de las libertades del barroco, su escritura no se dirige a la lujuria en sí (en los mejores casos) sino a adorar la lujuria. Cada uno de ellos, más que poeta, representa un concierto de muchas voces, polifónicas, corales. Y dichas voces, por sí mismas, se manifiestan más atemáticas que otra cosa, muestran una tendencia hacia la atonía, lo obscuro a ser revelado a través de una lectura meticulosa como instrumento para entender lo espiritual y la realidad cuando se confronta con la variedad y la amenaza y el temor de la nada.

La lectura de estos poetas neobarrocos implica paciencia; paciencia, así como una gran experiencia lectora. La asana o postura corporal tiene que colaborar con el acto de leer, mismo que tiene que ser sin prejuicios, estar abierto a lo nuevo, estar consciente de las diferentes tradiciones en diferentes lenguas, listo para sumergirse en el mestizaje.

Uno puede, en este punto, leer a Borges, Neruda, Parra o Paz más rápidamente, porque su poesía tiene menos obstáculos que la nuestra: es más conceptual, simétrica, armoniosa. Además, su vanguardismo aventurero ha sido, ahora, asimilado. Aún así leer a Vallejo, en concreto su libro, *Trilce*, exige la paciencia del ojo que se mueve lentamente. La textura en uno de los poemas de *Trilce* es densa, llena de puntos de separación, líneas de evasión, dispersión, proliferación, propagación dentro del texto a través del anacoluto y lo inesperado gracias al lenguaje manipulado a los extremos. Se transfigura en sí mismo, como texto a través de lo abrupto e inesperado, como si las palabras se precipitaran al exterior de la página escrita, o como si su gravitación fuera al mismo tiempo vertical y horizontal, "combina la memoria con el deseo" cielo y tierra, con el subsuelo.

Aún el mismo Vallejo, es un poeta que se ciñe a un marco específico; comparado, por ejemplo, con Ernesto Cardenal, la poesía de Vallejo es menos linear. Un epigrama de Cardenal es, en su línea, un silogismo breve e inmediatamente comprendido. Al mismo tiempo, tanto Vallejo como Cardenal, son menos tradicionales en sus concepciones de poesía que digamos, Pablo Antonio Cuadra o Eduardo Carranza.

Un poeta neobarroco es distinto a todos ellos porque procura no ceñirse a un contexto dado, sino que, diría yo, está en todos lados. Trabaja bajo una abrupta y desplazada sintaxis, bajo un sistema no sistémico que puede encontrarse, *mutatis mutandis*, en la poesía de Olson y Zukofsky. El espacio del poeta neobarroco está resquebrajado; claro, tiene su propia lógica, una que incluye, y a veces prefiere, lo ilógico de la misma manera en la que un ateo guarda a Dios en sus pensamientos.

Ahora, la poesía de José Lezama Lima y Haroldo de Campos es todavía más compleja, que digamos la de Vallejo. Para leerlos, y, por tanto, para leernos, uno tiene que respirar de manera diferente: de manera más asmática. El oxígeno en nuestra poesía está un tanto ausente, o bien, se concentra más a nivel del subsuelo, entre los vermes. Así, el argentino Perlongher, escribe: *vermes de rosicler urdiendo bajo el césped un laberinto de relámpagos."*

Estos poetas están desprovistos ideológicamente, tanto en términos políticos como poéticos. Por lo tanto, uno solo puede abordarlos de manera referencial, en términos del poema mismo y no a través de analogías políticas o poéticas que tienden a explicarse mediante el contexto. No existe, básicamente, necesidad de contexto para poder leer a Lezama o a un poeta neobarroco. La necesidad que existe es la de hacer una lenta inmersión, una inmersión como buzo en un mar profundo, en un ambiente donde la gravedad cambia constantemente y el ritmo cambia ya que se mueve en todas direcciones al mismo tiempo, sin una cronología específica y donde la respiración requiere nuevas formas de concentración. Leerlos exige una fe, una aceptación, con respecto a que los distintos materiales funcionan como unidad, un caos en la unidad, empero, con cohesión y no un mero caos y desconexión.

El neobarroco no constituye un grupo en el mismo sentido que lo fueron la generación del 98 o la del 27 en España, aún así, estos poetas tienen un aire familiar, una homogeneidad congruente en la disparidad. Todos ellos, todos nosotros, y por favor, no olvidar que en esta historia existe un nosotros, existe lo nuestro, formamos una familia, y como en cada familia, siempre hay disputas, disidencia y habladurías malintencionadas.

Nosotros no rechazamos, sino que incorporamos, lo lineal y lo tradicional, a veces, burlándonos con cariño, otras distorsionándolos con furia, en ocasiones, aceptándolos callados y respetuosos. Leemos y con humildad reconocemos la obra de, por ejemplo, Sylvia Plath, Anne Sexton, James Schuyler o James Merrill y sus contrapartes latinoamericanas, el venezolano, Rafael Cadenas, el nicaragüense Carlos Martínez Rivas, el cubano, Gastón Baquero. Sin embargo, somos otra cosa: densos, asimétricos, más dodecafónicos que clásicos, sin un centro específico pero circundados en una proliferación de centros, sin un programa verdadero que ofrecer, carecemos de un tema esencial por encima y más allá de los inevitables Eros y Tanatos, temas que tendemos a distorsionar, burlar, deconstruir y esperanzadoramente, revitalizar.

La nuestra es una poesía donde el lenguaje es rey y reina; un lenguaje incluyente que no rechaza material alguno, que puede extraer poesía tanto de la coprofilia o necrofilia como de la belleza de la vegetación. Es cosmopolita por naturaleza, pero altamente localizada, de esta manera, un poeta neobarroco se siente cómodo en una calle de la Habana o con Li Po al beber una taza de sake con sus amigos al pie de la Montaña Sagrada de Tai Chan, con la densidad del Amazonas o Matto Grosso, así como con la experiencia visual de las Pampas, del desierto de Atacama o de la tundra rusa.

El neobarroco no teme al detritus ni a la basura; exalta la pestilencia y putrefacción y jamás presenta la realidad en blanco y negro. Se mueve de lado como lo hace el cangrejo y, constantemente, teje como la araña, su movimiento termina en zigzag, que al igual que los insectos, constituye una organización, con medios y vías, modos y manías, basados en la variedad, el imaginario moderno, clips, instantáneas y lo recurrente. Nuestra diversidad y zigzagueo es natural, a tono con los tiempos que vivimos.

Nuestra poesía es difícil de leer, somos relativamente desconocidos y aislados, no vendemos, no ganamos dinero, muchos de nosotros no tenemos plata (afortunadamente soy la excepción), pertenecemos a diferentes razas, sexos, preferencias sexuales, religiones, nacionalidades y orígenes étnicos y cuando escribimos nuestros actos están en todo lugar, aún en más de una manera, somos realistas. Existe una forma de sabiduría neobarroca que sabe cómo vivir, o tal vez, cómo sobrevivir, en el mundo moderno. Nuestro trabajo es abierto y andrógino, difícil de situar. Aceptamos por motivos didácticos, la etiqueta de neobarrocos, sin embargo, rechazamos dicha limitación. Esta poesía opera como una sintaxis en distorsión, contiene un rico vocabulario, mezcla niveles, así como particularidades nacionales del español o portugués, a veces, regionales y otras tantas, universales. Este lenguaje mestizado es neorricano, chicano, peninsular, mexicano, colombiano, nordestino y en él caben perfectamente expresiones en esperanto, los idiomas europeos, griego, latín o como en mi caso, hebreo, además de idiolectos cubanos.

El argentino Néstor Perlongher opera en un mundo aparador cruzado en tanto que el uruguayo Roberto Echavarren dirige su atención y su lengua a un mundo homoerótico, como en su poema "La dama de Shangai." Tamara Kamenszain, poetisa argentina, exalta el teatro japonés *Noh*. El también argentino, Reynaldo Jiménez escribe sobre el musgo, miniaturas, ruido incidental *a la* John Cage, o sobre la circularidad de la nada, pero no sobre las tradiciones del tango, las pampas ni beber mate. El uruguayo Eduardo Espina es un poeta denso, sumamente compreso, trágico cuando cómico y cómico cuando trágico: para leerlo es menester tener paciencia, una paciencia que, con seguridad, será recompensada.

Para hacer la lectura de cualquiera de nosotros se necesita concentración y paciencia devota como la que se requiere a la hora de leer *Finnegans Wake* de James Joyce, *Igitur y Un coup de dés* de Stephen Mallarmé o *Tender Buttons* de Gertrude Stein.

En mis propios escritos combino mi trasfondo judío con mi nacionalidad cubana, mi experiencia en los Estados Unidos, mi admiración por la cultura y literatura orientales para producir trabajo que considero trasnacional y multicultural. No solamente soy lo que como, también soy, y quizá mayormente, lo que leo.

Nuestros antepasados leían con intensidad y devoción: estamos plenamente conscientes de la voraz lectura que hacían los poetas como, por ejemplo, Lezama Lima, Jorge Luis Borges, Haroldo Campos y Octavio Paz; y aún así existe una diferencia en nuestras experiencias divergentes de lectura. Para ponerlo con más claridad, nosotros también leemos cómics. Leemos y utilizamos en nuestro trabajo la subliteratura rosa, los llamados "culebrones" o telenovelas, digerimos, regurgitamos y rebobinamos todo este material barato. El neobarroco no le teme a lo kitsch, y tampoco vacila para jugar con estos textos. La literatura no es materia rígida, antimaleable.

El poeta cubano Eugenio Florit señala que pasó años de su vida leyendo a Goethe. Uno le cree. No porque fuese especialista, pero él pertenecía a una generación más a tono con lo clásico. Nosotros, en cambio, pertenecemos a un periodo de la historia que armoniza con lo clásico y además con el detritus, armonizamos con el orden, al igual que el caos. Leemos de forma dispersa, un tanto sin control y de manera multidireccional. No puedo concebir que un poeta neobarroco pase los últimos años de su vida leyendo un solo autor o un solo tema sin desviar constantemente su lectura.

Hace poco caminaba con David Huerta en México y claramente recuerdo que empezamos a hablar con entusiasmo sobre el trabajo de Haroldo de Campos y terminamos discutiendo ciertos aspectos de Berceo, incluida su religiosidad de mente abierta, así como aspectos de su así llamado antisemitismo. Lo que entonces, nos llevó al antisemitismo de Quevedo y a su particular rechazo de la poesía de Góngora. También bromeamos, y un servidor le explicó algunos aspectos esotéricos de la broma cubana y Huerta explicó cómo funcionan los albures mexicanos (bromas sumamente distorsionadas, en su mayoría basadas en el doble sentido y artificios del idioma).

Así, leímos y discutimos literatura "a salto de mata" o saltamos de un fotograma a otro, pasamos de una cosa a otra. El ensayista, traductor de los clásicos y prosista Guy Davenport (para mí uno de los escritores vivos más importantes en el país) dice que él lee a lo largo del día diferentes textos de acuerdo con el paso de las horas, las estaciones del año, su estado de ánimo y aún si tiene la necesidad de cambiar habitaciones, posiciones y lugar de lectura (a veces en una silla, otras en un sofá, en la cama) de acuerdo con el material que lee. Me parece que así es como un poeta neobarroco lee. Por ejemplo, en mi caso, empiezo el día con la lectura de poesía, después paso horas leyendo ficción, normalmente, después leo un capítulo de la Biblia, unas cuantas páginas del diccionario o de una enciclopedia (ahora me encuentro leyendo un enorme diccionario de religión), paso un rato leyendo a los jóvenes, que usualmente me envían sus libros para que les dé mi opinión o simplemente por compartir y termino el día de nuevo leyendo ficción. También leo todos los días, alternando español e inglés. Todos los poetas neobarrocos con los que estoy en contacto leen de esta manera. Nunca dejamos fuera a escritor alguno y lo leemos o la leemos de forma sistemática; en lugar de eso, como dije antes, la tendencia es saltar de una cosa a otra, e incluir todos los posibles géneros literarios. Todo cabe en nuestra poesía. Nada queda, en principio, descartado. Lo descartado, el desperdicio, la basura, lo rechazado, es parte del texto, y muchas veces, es el texto en su totalidad.

Para dar un panorama más concreto de lo que hacemos, permítaseme volver a lo didáctico y de alguna forma crear superficialmente tres modelos "básicos." Me gustaría acuñar estos tres modelos o categorías como pesado, medianamente pesado (o quizás medianamente ligero) y ligero. Trataré de brindar una caracterización del trabajo de unos cuantos poetas neobarrocos que concuerde con alguna de las categorías mencionadas anteriormente. Para lo pesado, presentaré la poesía de Eduardo Espina y Reynaldo Jiménez. Para lo mediano, señalaré el trabajo de Roberto Echavarren y Néstor Perlongher y finalmente, caracterizaré la obra de Raúl Zurita como la más "ligera."

Todos estos poetas son densos y complejos y difíciles de digerir, aún así la textura de su material se mueve de lo pesado a lo ligero. Lo que escriben, si se puede comparar, con la antipoesía de Nicanor Parra carece de estabilidad, de unidad de forma y contenido, de cronología. Tómese en cuenta un poema de Parra y véase su estructura silogística: se mueve hacia delante, línea por línea, señala, empuja linealmente hacia delante, de la premisa principal a la secundaria, a una conclusión o a un desenlace dramáticos. Normalmente remata con una línea clave, con un impacto final que en un sentido es programático. Su propósito es patear el trasero de la burguesía. En el caso del poeta neobarroco, el procedimiento o estrategia es lateral, no programáticos, de borde filoso o chato intencionalmente, desprendido o falsamente emocional, no contiene historia o usa la historia solo a manera de pretexto para explorar el lenguaje. A menudo presenta una construcción de filos abollados más que un entablamento perfectamente armado y articulado. No hay astillas.

Eduardo Espina (Uruguay, 1954) será mi primer ejemplo de poeta en la línea "gruesa." Él es el creador del término "barrococó," un término que va más allá del moderno y popular "rococó," su trabajo se encuentra entre los más difíciles de leer. Claudio Daniel, mi traductor al portugués, es tal vez uno de los poetas brasileños que hace más que crear puentes de comunicación entre Brasil e Hispanoamérica, estuvo a punto de cometer suicidio cuando traducía a Espina. Le dije que fuera al manicomio por un rato. Espina opera empleando el uso de lo contingente y banal para tratar de llegar a lo trascendental; él vandaliza la realidad para mostrar lo banal, la acción y la unidad las presenta desmembradas y lo esnob se hace evidente con la finalidad de corroerlo. Se reivindica la fealdad. Las palabras se reúnen en un espacio sofocante. La página cuadrada claustrofóbica de Espina; su estrategia básica es la disrupción; altera y alterna, así que cuando escribe una serie de homenajes los podrá dedicar a Emily Dickinson, Walt Whitman y Colón, pero también a Superman. Espina es un poeta, en gran medida sintético, el título y subtítulo en sus poemas representan un papel antagónico, a veces sin relación y contienen tanta belleza y magia poética, hilaridad y vergüenza, como la totalidad del poema. Su obra pone a prueba los límites de la gramática secuencial y lógica, la comprime en un eterno proceso resbaladizo, que pocas veces logra un objetivo ya que no existe, por decir, objetivo alguno.

Reynaldo Jiménez (Perú, 1959 aunque él ha pasado la mayor parte de su vida en Buenos Aires y se considera poeta argentino) es también editor y ensayista; me gustaría etiquetar su poesía junto con el trabajo de la poetisa mexicana Coral Bracho, como "microscopista." Emplea un sistema de ecos y opera con la textura fónica de las palabras, Jiménez mueve la superficie al interior, la magnitud al infinito microscópico. Hace proliferar el lenguaje como si fuera musgo, humedad y una esponja que todo lo absorbe se nutre a sí misma con lo que se torna toda vida invisible o en miniatura. Un amor por los intersticios, galaxias de palabras relacionadas que surgen una de la otra por paronomasia; sus poemas constituyen un laberinto poroso, un cosmos de casi nada, el interior de lo más recóndito plegado; un cosmos a ser obsesivamente explorado "desde la mano/hasta la mano, se reparte el cosmos." Cada pliegue es un aspecto de expresión, obviamente, expresión poética y su totalidad, un movimiento en el que las palabras se tornan seres en un estado de constante flujo, cadenas de multiplicación que ingieren y se ingieren, un movimiento que no es categórico e inestable, una especificidad que no puede retenerse.

Permítaseme ahora, ejemplificar un segundo modelo del neobarroco, el que acuñé como medianamente pesado o medianamente ligero, pero empecemos por hablar un poco de la poesía de Roberto Echavarren (Uruguay, 1944). Poeta, teórico del neobarroco (junto con Milán, Espina y Kamenszain) traductor y académico de amplio rango de intereses; la poesía de Echavarren alterna entre la subjetividad y objetividad intensas. Su lenguaje tiende a ser denso, pero también prístino y luminoso, y lo suficientemente poroso, así que leerlo no resulta tan difícil como digamos, leer a Deniz, Espina o Jiménez. Él no opera en un estilo dado, sino mediante la insinuación y la seducción, más como un continuo de estilos siempre cambiantes que crean una pluralidad de maneras (y a veces, manierismo) dentro del marco del neobarroco. Su poesía es nómada y su tribu no solo vive en el desierto; sino que también vive en las grandes urbes del mundo, en sus museos, calles tortuosas, en el peligro de la vida nocturna oscura, en los ocultos mundos urbanos marginales donde vive el travesti, el rechazado, el desprotegido. Echavarren puede fácilmente crear poesía a partir de una pintura de Ingres, de Antinoo como emblema del homoerotismo, de una película de segunda clase, videoclips, de Menfis, Egipto o Nueva York. Usa juegos de palabras con doble sentido para poder exponer los múltiples niveles tanto de la realidad diaria como trascendental. ¿Su papá no fue un papito? escribe Echavarren donde la palabra papito significa tanto un padre llamado así de forma cariñosa, afectuosa, como padrote, proxeneta, o gigolo.

Néstor Perlongher (Argentina, 1949 - Brasil 1992, víctima de SIDA). Perlongher escribe en los inicios de su poesía sobre el imperio austrohúngaro, sitúa el contexto en un espacio trasnacional, que no se puede identificar. Combinará en su ulterior trabajo, el habla argentina y brasileña, la historia tradicional con el presente. Perlongher retorna temáticamente a la revolución de los usos y costumbres (era sociólogo), al militarismo latinoamericano, al culto por las drogas, al SIDA y a Evita Perón a quien llamó la diosa de las prostitutas con el propósito de echar por tierra la realidad, sin incluir quizá al SIDA. El arte no es para ilustrar fotográficamente, sino para desatar la siempre cambiante continuidad de la realidad inaprehensible, así como la frustración del lenguaje siempre presente cuando trata de capturar el flujo de lo histórico, lo poético y lo real en la realidad. A propósito, e intencionadamente, Néstor Perlongher confunde las mentadas ideas claras llevándolas al límite, con la esperanza de inyectarles una nueva y más renovada claridad. Su poesía cuestiona la identidad sexual, el género literario; responde a si algo es prosa o poesía, o bien, si alguien es hombre o mujer con ironía, irritación, risa y por supuesto, con ambigüedad: la ambigüedad de la poesía moderna que por cuestionarse a sí misma, termina lidiando, de manera ambigua, con la sabiduría.

Un ejemplo de una poeta "más ligero" en el neobarroco es Raúl Zurita (Chile, 1951). Su obra puede ser caracterizada por su experimentalismo audaz, el intento en la innovación, protesta social sin una forma ideológicamente cercana, un sentido de performance que es continuo y desde el punto de vista biográfico, una necesidad o al menos un deseo de mostrar su propio cuerpo como ejemplo de una lectura cercana entre cuerpo y página escrita: lo que sucede en la página debe también suceder en el cuerpo. Por lo tanto, si en su poesía Zurita quema con palabras, en algún punto, tomará una barra de hierro caliente precalentada para quemar su propia mejilla con la finalidad de dejar una marca en su carne. Exhibicionismo, por un lado; performance por otro, pero, sobre todo, compromiso en términos de unir la vida y la obra de uno: no existe escisión. Si él trata de destruirse a sí mismo, o al menos trata de destruir un pedazo de sí mismo, lo hará para mostrar una dolorosa conciencia del mundo moderno, con sus truculentas políticas, sus manipulaciones egoístas, la locura de unos cuantos contra la indiferencia de muchos. A veces Zurita trabaja con axiomas matemáticos, a veces introduce la marcada realidad geográfica de su país (como por ejemplo en sus encantadores poemas sobre el desierto de Atacama), en otras, honra la poesía tradicional chilena, empleando para ello los diferentes modos de Gabriela Mistral, Pablo Neruda, Pablo de Rokha, Gonzalo Rojas y Nicanor Parra. Su poesía es continua fragmentación, un texto autodeclarativo, ora contradice su afirmación, ora lo reformula para oponerse a la contradicción: un perpetuo flujo heraclitaneo. De esta forma, uno nunca alcanza el significado como consolidación de todo significado, la visión permanece difusa y fragmentada, la sintaxis se pervierte, altera y realtera, para posteriormente, traerla a flote a la normalidad. En su cara, Zurita muestra el paisaje de Chile, ya sea montañoso o desértico: las cicatrices, las raspaduras, las manchas de la página escrita también demuestran, actúan y cantan dentro de sus mejillas.

Charles Ives, el gran compositor estadunidense ha dedicado un lúcido ensayo a Thoreau y en un punto de su trabajo, señala: "Parece que él [Thoreau], en lugar de permitir que la naturaleza lo ponga bajo su microscopio, es él quien lo hace bajo el suyo" y añade: "El estudio de la naturaleza tiende a volver a uno dogmático pero el amor de la naturaleza no lo es." Si escribimos, simplemente, poesía donde Ives escribe naturaleza, tendríamos una mejor visión del credo que un poeta neobarroco plasma en su obra: él es un instrumento de la poesía y no la poesía misma, un humilde alfarero y artesano en su oficio y no un Creador, la Mano del Tintorero, digamos, en lugar del Creador del Tinte.

Bajo el microscopio de la poesía el poeta neobarroco escribe microscópicamente, al mismo tiempo que inscribe al macrocosmos; el poeta no hace esto de manera dogmática sino por puro amor. De tal forma, un resumen de la poesía neobarroca incluiría nociones tales como dispersión, reapropiación de estilos ya formados, estilos que se mueven en parajes barbáricos, donde se unen las ruinas, un escrito donde el *trobar clus* y lo hermético prolifera, donde hay gran turbulencia, mezclas antinaturales, una dicha dirigida a combinar lenguajes, la disolución del sentido unidireccional, sin ensalzamiento del ser o del ego o del yo; polifonía, polivalencia y versatilidad, utilización de anteriores estilos para poder deconstruirlos, creando una verdadera explosión de formas diferentes de escritura, una mácula de materiales, una firma hacia la fealdad, lo sórdido, lo reciclable: todas estas cosas caracterizan al neobarroco. De hecho, es una poesía que su diversidad deviene del amor y no del dogma como imposición.

Para terminar, me gustaría señalar que desde la muerte de Octavio Paz y Haroldo Campos, no hay más vacas sagradas en cuanto a se refiere la poesía latinoamericana. Cuando digo vacas sagradas no lo hago de manera derogatoria, sino simplemente para describir una situación histórica. Nuestros antecesores, sean Neruda, Huidobro, Vallejo, Lezama o Paz fueron percibidos como grandes, grandiosos, nunca intercambiables, tan separados como las piedras en un paisaje. Lo que se tiene ahora, por otro lado, es un nuevo fenómeno: un grupo de poetas (puedo fácilmente mencionar a cuarenta o cincuenta de ellos que leo con respeto y creciente interés) cuyos miembros no consideran que colisionan entre sí, o que uno de ellos sea mejor poeta que el resto. Por el contrario, consideran a sus compañeros *primus inter pares*, no rocas sino grava, donde en lugar de competir se tiene un grupo híbrido, ideológicamente desprovisto, feliz o infelizmente productivo; cada uno siente la presencia del otro o de la otra, y trabajan para ser primero entre los primeros para que nadie sea minimizado.

Existe, me doy cuenta, cierto nivel de idealización en lo que digo, no obstante, siento que nos movemos gracias a la acción de fuerzas históricas que separan de sí mismas la lujuria, la vanidad y la idolatría excesivas. Cuando era joven, caminaba un día en la Calle Ocho, en Greenwich Village, Nueva York con un famoso poeta latinoamericano. En un momento, me sujetó del brazo y me dijo: "José, ¿no crees tú que le gano a Vallejo por una nariz? Yo lo miré y respondí instintivamente: "No te olvides, por favor, que eres ñato." Obviamente, él nunca me volvió a hablar. No me importó y tampoco me importa ahora.

No creo que la poesía sea una especie de mundo despiadado o jungla salvaje. Por el contrario, la poesía para mí es un experimento en el terreno de lo desconocido, una búsqueda de la belleza, del conocimiento y la sabiduría a través del misterio representado por un lenguaje complejo, multidimensional y simultáneo, que, en un punto dado, el poeta recibe, transmite y aún así no comprende del todo, ni controla rígidamente.

-José Kozer

TRANSLATORS' NOTE

SO HERE, *MAKE IT TRUE MEETS MEDUSARIO.* WE HOPE THE translations help to create a space in which a conversation among the poems can occur. We know that much is lost in translation, although something might also be gained, and of course much remains the same. So, to answer the great question, can poetry be translated? We are afraid to say, yes, it shall.

We thank the editors for inviting us to collaborate on this project. We thank the poets for their poems. We thank all for the agony and delight of these translations and transformations. We thank them for their cooperation and suggestions. We thank them for this, from which we have received so much. We read, we read, we read.

NOTA DE TRADUCCIÓN

FINALMENTE, *MAKE IT TRUE MEETS MEDUSARIO.* ESPERAMOS que las traducciones ayuden a crear un espacio en el cual la conversación entre poemas pueda efectuarse. Sabemos que se pierde mucho a la hora de traducir, aunque también se obtiene algo, y por supuesto, mucho queda igual. Así que la respuesta a la gran pregunta, ¿se puede traducir la poesía? Tememos decir que sí, lo haremos.

Agradecemos a los editores la invitación a colaborar en este proyecto. Agradecemos a los poetas sus poemas. Agradecemos a todos la agonía y el placer causados por estas traducciones y transformaciones. Agradecemos su cooperación y sugerencias. Les damos las gracias por esto, de lo que hemos recibido tanto. Leímos, leímos y leímos.

- J. Alejandro Carrillo-Etienne & Dana K. Nelson

STEPHEN COLLIS'S MANY BOOKS OF POETRY INCLUDE *The Commons* (Talon Books 2008; 2014), *On the Material* (Talon Books 2010—awarded the BC Book Prize for Poetry), *DECOMP* (with Jordan Scott—Coach House 2013), and *Once in Blockadia* (Talon Books 2016—nominated for the George Ryga Award for Social Awareness in Literature). He has also written a book of essays on the Occupy Movement, and a novel. *Almost Islands* (Talon Books 2018) is a memoir of his friendship with poet Phyllis Webb, and a long poem, *Sketch of a Poem I Will Not Have Written*, is in progress. He lives near Vancouver, on unceded Coast Salish Territory, and teaches poetry and poetics at Simon Fraser University.

AFTER LIVING AND TEACHING IN THE ETERNAL CITY, **ELIZABETH COOPERMAN** co-wrote a poetic guide to Rome, *The Last Mosaic*, with Thomas Walton (Sagging Meniscus, 2018). She is co-editor (with David Shields) of the anthology *Life Is Short—Art is Shorter* (Hawthorne Books, 2014) and has been an artist-in-residence at Ragdale Foundation Residency and 360 Xochi Quetzal Residency Program in Chapala, Mexico. Elizabeth is Art Director at *PageBoy Magazine*.

PEDRO MARQUÉS DE ARMAS WAS BORN IN HAVANA in 1965. He has published poetry notebooks *Cabezas* (Ediciones Union, 2002), *Cabezas and other Poems* (Hedra, Sao Paulo, 2008), and *Obitos* (Bokeh, 2015). He authored the essays *Fasciculos sobre Lezama* (1994) and *Science and Power in Cuba: Racism, Homophobia, Nation* (2014). His most recent book is the novel *La Vida Trunca del Coronel Felino* (2016). Between 1993 and 2002 he was a member of the *Diaspora(s)* alternative writing project and collaborated with the independent magazine of the same name. He has resided in Barcelona since 2007, after receiving a scholarship from Parlamento Internacional de Escritores. He co-directs electronic publications for Potemkin literary editions.

—— BIOGRAFÍAS DEL POETA

ENTRE LOS NUMEROSOS LIBROS DE POESÍA DE **STEPHEN COLLIS** tenemos *The Commons* (Talon Books 2008, 2014); *On the Material* (Talon Boos 2010, premio BC de poesía); *DECOMP*, en colaboración con Jordan Scott (Coach House 2013), y *Once in Blockadia* (Talon Books 2016, nominado para el premio George Ryga de Conciencia Social en Literatura). Mr Collis además ha escrito un libro de ensayos sobre el Occupy Movement, y una novela, *Almost Islands* (Talon Brooks 2018) basada en reminiscencias de su amistad con la poeta Phyllis Webb. Un largo poema, *Sketch of a Poem I will not Have Written*, en curso. Mr Collis vive cerca de Vancouver, en territorio no cedido, en la Costa Salish, y es profesor de la Universidad Simon Fraser, donde enseña poética y poesía.

DESPUÉS DE HABER VIVIDO Y ENSEÑADO EN LA CIUDAD ETERNA, **ELIZABETH COOPERMAN** fue co-autora de *The Last Mosaic* con Thomas Walton (Sagging Meniscus, 2018) una guía poética de Roma. Es co-editora, con David Shields, de la antología *Life is Short-Art is Shorter* (Hawthorne Boos, 2014) y ha sido artista-en-residencia de la Ragdale Foundation Residency y 360 Xochi Quetzal Residency Program en Chapala, México. Elizabeth es Directora de Arte de la *Revista PageBoy*.

PEDRO MARQUÉS DE ARMAS. NACIÓ EN LA HABANA en 1965. Ha publicado los cuadernos de poesía *Cabezas* (Ediciones Unión, 2002), *Cabeças e outros poemas* (Hedra, São Paulo, 2008), y *Óbitos* (Bokeh, 2015). Es autor de los ensayos *Fascículos sobre Lezama* (1994), y *Ciencia y poder en Cuba: Racismo, homofobia, nación* (2014). Su libro más reciente es la novela La vida trunca del *Coronel Felino* (2016). Entre 1993 y 2002 fue miembro del proyecto de escritura alternativa *Diáspora(s)*, colaborando con la revista independiente del mismo nombre. Reside en Barcelona desde 2007, tras haber sido becado del Parlamento Internacional de Escritores. Codirige la publicación electrónica de literatura ediciones Potemkin.

AN ACADEMIC FACULTY OF MEDICINE, A FEMINIST ACTIVIST for anti-colonial social justice, and a creative writer, **SARAH DE LEEUW** is the author of multiple books and publications. She is widely anthologized, holds a Dorothy Livesay BC Book Prize for poetry, a Western Magazine Gold Award and two CBC Literary Awards for creative literary non-fiction, and has been shortlisted for a Governor General's Literary Award in non-fiction. She grew up on Haida Gwaii and now divides her time between Prince George and Kelowna, British Columbia.

DESCENDANT OF ITALIAN AND BASQUE IMMIGRANTS WHO funded cooperatives in rural zones in Uruguay (Giorgio and Clementina Medici), **MAROSA DI GIORGIO** started publishing in the 50's. The two volumes of *Los Papeles Salvejes* (1989 and 1991) collected all of her work up through 1991. The extensive *Diamelas a Clementina Medici* (2000) was inspired by the death of her mother. Her erotic narratives are: *Misales* (1993), *Camino de las Pedrerias* (197), and *Reina Amelia* (1999). Her work has received numerous awards and has been translated into English, French, Portuguese and Italian.

ROBERTO ECHAVARREN WRITES POETRY, NOVELS, essays, and is a translator. His poetry books include: *Centralasia* (Ministry of Culture of Uruguay Prize), *El Expreso entre el Sueño y la Vigilia* (Nancy Bacelo Prize), *El Monte Nativo,* and *Ruido de Fondo*. *Peformance* is an anthology of his poetry, plus interviews and critical essays on his work. His essays include: *El Espacio de la Verdad, Arte Andrógino* (Ministry of Culture Prize); *Fuera de Género: Criaturas de la Invención Erótica; Michel Foucault: Filosofía Política de la Historia; Margen de Ficción*. His novels include: *Ave Rock; El Diablo en el Pelo; Yo era una B rasa, Archipiélago*. *The Russian Nights* is a chronicle about Russia.

CATEDRÁTICA DE UNA FACULTAD DE MEDICINA, ACTIVISTA
feminista en contra de la injusticia social anticolonialista y escritora creativa,
SARA DE LEEUW es autora de numerosos libros y publicaciones.
Su trabajo aparece en diversas antologías, ha recibido el premio de poesía
Dorothy Livesay BC Book, a Western Magazine Gold Award y dos CBC
Literary Awards por su creación literaria (no de ficción). Ha sido nominada
al Governor General's Literary Award en la clasificación de no ficción.
Creció en Haida Gwaii y en la actualidad divide su tiempo entre Prince
George y Kelowna, Columbia Británica.

DESCENDIENTE DE INMIGRANTES ITALIANOS Y VASCOS QUE
fundaron quintas en zonas rurales del Uruguay, sus padres fueron Giorgio y
Clementina Médici. **MAROSA DI GIORGIO** comenzó a pub-
licar en los años cincuenta.[5] En los dos tomos de *Los Papeles Salvajes* (1989
y 1991) recopiló sus poemas publicados hasta entonces. El extenso *Diamelas a Clementina Médici* (2000), estuvo inspirado en la muerte de su
madre. Sus textos narrativos eróticos son: *Misales* (1993), *Camino de las
pedrerías* (1997), y *Reina Amelia* (1999). Su obra, que recibió numerosos
premios, ha sido traducida al Inglés, Francés, Portugués e Italiano.

ROBERTO ECHAVARREN COMPONE POESIA, NOVELAS,
ensayos y es un traductor. Entre sus libros de poemas: *Centralasia* (Premio
del Ministerio de Cultura de Chile). *El Expreso entre el Sueño y la Vigilia*
(Premio Nancy Bacelo), *El Monte Nativo* and *Ruido de Fondo*. *Peformance* es
una antología (poesía) y *Entrevistas y ensayos criticos de su trabajo*. Ensayos:
El Espacio de la Verdad, Arte Andrógino (Premio del Ministerio de Cultura);
*Fuera de Genero: Criaturas de la Invención Erótica; Michel Foucault: Filosofía
Política de la Historia; Margen de Ficción*. His novels: *Ave Rock; El Diablo
en el Pelo; Yo era una Brasa, Archipielago. The Russian Nights* es una crónica
de Rusia.

EDUARDO ESPINA WAS BORN IN MONTEVIDEO, URUGUAY. He has published a dozen books of poetry and essays. He has won Uruguay's National Prize for Essays (1996 and 2000), and the Municipal Prize for Poetry (1998). His book, *The Milli Vanilli Condition: Essays on Culture in the New Millenium*, was published in 2015 by Arte Publico Press. In 1980 he was the first Uruguayan writer invited to participate in the prestigious International Writing Program at the University of Iowa. Since then he has resided in the United States. Awarded a John Simon Guggenheim Fellowship, he lives in College Station, Texas.

REYNALDO JIMÉNEZ WAS BORN IN LIMA, PERU, IN 1959. He has lived in Buenos Aires since 1963. His works include *Tatuajes* (1981); *Eléctrico y despojo* (1984); *Las miniaturas* (1987); *El libro de Unos Sonidos: 14 poetas del Perú* (1988); *Por los pasillos* (1989); *Ruido incidental / El té* (1990); *600 puertas* (1992); *La curva del eco* (1998, 2ª ed. 2008); *La indefensión* (2001, 2ª ed. 2010); *Musgo* (2001); *Reflexión esponja* (2001); *Papeles insumisos de Néstor Perlongher* (with Adrián Cangi, 2004); *El libro de unos sonidos. 37 poetas del Perú* (2005); *Shakti* (2005, anthology and translations from the Portuguese by Claudio Daniel); *Sangrado* (2005; 2ª ed. 2017); *Plexo* (2009); *Esteparia* (2012; 2ª ed. 2017); *El cóncavo. Imágenes irreductibles y superrealismos sudamericanos* (2012); *El ignaro triunfo de la razón (anthology of writings by Gastón Fernández Carrera, 2013)*; *Informe* (2014); *Nuca* (2015); *Piezas del Tonto* (2016); *La inspiración es una sustancia, etc.* (2016); *Intervenires* (2016); *Filia índica* (2017); *Ello inseguro* (2017); *Funambular* (2017); *Antemano* (2017): *Arzonar* (2018), *Olla de grillos* (2018), and *Ganga I* (2019), first volume of his collected poems. He has translated the works of Haroldo de Campos, Josely Vianna Baptista, Paulo Leminski, Arnaldo Antunes, Sousândrade and César Moro among others. Together with the painter Gabriela Giusti he created and directed *tse-tse*, from 1995 to 2008.

EDUARDO ESPINA NACIÓ EN MONTEVIDEO, URUGUAY. HA publicado una docena de libros de poesía y ensayos. El ha ganado el Premio Nacional de Ensayos de Uruguay (1996 y 2000) además del Premio Municipal de Poesía (1998). Arte Público Press público su libro *The Milli Vanilli Condition: Essays on Culture in the New Millenium,* en el 2015. En 1980 fue el primer escritor Uruguayo invitado a participar en el prestigioso International Writing Program de la Universidad de Iowa. Desde entonces reside en los Estados Unidos, presentemente en College Station, Texas. Ha sido galardonado con el John Simon Guggenheim Fellowship.

REYNALDO JIMÉNEZ LIMA, PERÚ, 1959. VIVE EN BUENOS Aires desde 1963. Publicó: *Tatuajes* (1981); *Eléctrico y despojo* (1984); *Las miniaturas* (1987); El libro *de Unos Sonidos: 14 poetas del Perú* (1988); *Por los pasillos* (1989); *Ruido incidental / El té* (1990); *600 puertas* (1992); *La curva del eco* (1998, 2ª ed. 2008); *La indefensión* (2001, 2ª ed. 2010); *Musgo* (2001); *Reflexión esponja* (2001); Papeles insumisos de *Néstor Perlongher* (con Adrián Cangi, 2004); *El libro de unos sonidos. 37 poetas del Perú* (2005); *Shakti* (2005, antología y traduccción al portugués por Claudio Daniel); *Sangrado* (2005; 2ª ed. 2017); *Ganga* (2006, antología por Andrés Kurfirst y Mariela Lupi); *Plexo* (2009); *Esteparia* (2012; 2ª ed. 2017); *El cóncavo. Imágenes irreductibles y superrealismos sudamericanos* (2012); *El ignaro triunfo de la razón* (antología de escritos de Gastón Fernández Carrera, 2013); *Informe* (2014); *Nuca* (2015); *Piezas del tonto* (2016); *La inspiración es una sustancia, etc.* (2016); *Intervenires* (2016); *Filia índica* (2017); *Ello inseguro* (2017); *Funambular* (2017); *Antemano* (2017): *Arzonar* (2018), *Olla de grillos* (2018), y *Ganga I* (2019), primer volumen de su poesía reunida. Tradujo obras de Haroldo de Campos, Josely Vianna Baptista, Paulo Leminski, Arnaldo Antunes, Sousândrade y César Moro entre otros. Junto a la pintora Gabriela Giusti, creó y condujo *tsé-tsé* (revista-libro y sello editorial) entre 1995 y 2008.

TAMARA KAMENSZAIN WAS BORN IN BUENOS AIRES. Besides her most recent autobiographical story, *El Libro de Tamar*, she is the author of eleven poetry books and five books of essays. She has received, among other acknowledgments, the Primer Premio Municipal de Ensayo; John Simon Guggenheim Scholarship; Konex de Platino Award; Medal of Honor Pablo Neruda from the Government of Chile; an award from La Feria del Libro de Argentina for the best book published in 2012, and Premio Honorífico Lezama Lima de Cuba. Her books have been translated into English, French, Portuguese, German and Italian.

JOSÉ KOZER, WAS BORN IN HAVANA IN 1940. HE HAS LIVED in the USA since 1960. He taught at Queens College (CUNY) from 1965 to 1997 and then retired in Hallendale, Florida. He is the author of some one hundred books of poetry, a couple of prose, and has been translated into many languages and studied extensively in dissertations in U.S. universities. In 2013 he received the Pablo Neruda Award from the Chilean government and in 2017 became a Montgomery Fellow.

CLAUDIA CASTRO LUNA IS THE POET LAUREATE OF Washington State (2018-2020). She served as Seattle's first Civic Poet from 2015-2017 and is the author of *Killing Marías* (Two Sylvia's Press) and *Of This City* (Floating Bridge Press). Born in El Salvador, she came to the United States in 1981 fleeing civil war. Living in English and Spanish, Claudia writes and teaches in Seattle where she gardens and keeps chickens with her husband and their three children.

NADINE ANTOINETTE MAESTAS IS A POET'S POET and believes that the empire of the sentence is an extremely oppressive totalitarian regime. She prefers the company of poems so much that she would rather read a bad poem than a good novel. She has a Ph.D. from the University of Washington and also holds an M.F.A. from University of Michigan where she was awarded the Hopwood Farrar Award for playwriting. Her hybrid poem-play "Hellen on Wheels: a Play of Rhyme and Reason" was performed at California College of the Arts. She is the co-author with Karen Weiser of "Beneath the Bright Discus" (Potes & Poets Press, 2000) and has published poems in *Pageboy Magazine, Lyric &, The Germ*, and *Poor Mojo's Almanac(k)*. She is also a co-editor for *Make It True: Poetry from Cascadia* (Leaf Press, 2015). She currently teaches Creative Writing and Literature.

TAMARA KAMENSZAIN NACIÓ EN BUENOS AIRES. Además de su más reciente *El libro de Tamar*, un relato autobiográfico, es autora de once libros de poesía y cinco de ensayos. Recibió, entre otros reconocimientos, el Primer Premio Municipal de Ensayo, la beca John Simón Guggenheim, el Premio Konex de Platino, la Medalla de Honor Pablo Neruda del Gobierno de Chile, el premio de la Feria del Libro de Argentina al mejor libro publicado en el 2012, y el Premio Honorífico Lezama Lima de Cuba. Sus libros fueron traducidos al Inglés, Francés, Portugués, Alemán e Italiano.

JOSE KOZER NACIÓ EN HAVANA EN EL 1940. HA VIVIDO EN los Estados Unidos desde el 1960. Fue profesor en Queens College (CUNY) de 1965 a 1997, año cuando se retiró. En la actualidad reside en Hallandale, Florida. Es autor de aproximadamente cien libros de poesía y tres de prosa. Sus libros han sido traducidos a varios idiomas y estudiados extensivamente en disertaciones de universidades estadounidenses y del extranjero. En 2013 recibió el Pablo Neruda Award del gobierno de Chile y en el 2016 la Montgomery Fellowship.

CLAUDIA CASTRO LUNA ES LA POETA LAUREADA DEL Estado de Washington (2018-2020). Fue la primera poeta Cívica de Seattle del 2015-2017 y es autora de *Killing Marias* (Two Sylvia's Press) y *de This City* (Floating Bridge Press). Nació en el Salvador y emigró a Estados Unidos buscando refugio de la guerra civil en su país. Claudia además de escritora es maestra en Seattle donde vive con su esposo y tres hijos, atiende a su jardín y cría pollos.

NADINE ANTOINETTE MAESTAS ES UNA POETA de poetas y cree que el imperio de la oración es un régimen totalitario en extremo opresivo. Prefiere verse acompañada de poemas hasta el punto que prefiere leer un poema malo en lugar de una buena novela. Tiene un Ph.D. de la Universidad de Washington y un M.F.A. de la Universidad de Michigan donde le fue otorgado el Howood Farrar Award por dramaturgia. Su poema-drama "Hellen on Wheels: a Play of Rhyme and Reason" se presentó en el Colegio de Artes de California. Colaboró con Karen Weiser en "Beneath the Bright Discus" (Potes & Poets Press, 2000) y su poesía ha sido publicada en *Pageboy Magazine, Lyric & The Germ* y *Poor Mojo's Almanac*. Es además coeditora de *Make It True: Poetry from Cascadia* (Leaf Press, 2015). En estos momentos enseña escritura creativa y literatura.

MAURIZIO MEDO WAS BORN IN 1965. HE ATTENDED La Inmaculada Jesuit College. He has lived in Arequipa, Peru since 2003. He is the author of *Manicomio* (2005) and *Dime Novel* (2014). Part of his collected work was published in Spain in 2015, with the title *Cuando El Destino Dejo de ser Vispera*. His book *Y un Tren Lento Aparecio por la Curva* was published in 2016. He's edited several anthologies: *La Letra en que Nacio la Pena: samples of Peruvian poetry from 1970 through 2004* (with the poet Raúl Zurita, 2004); *Pais Imaginario, writings and texts, 1980-1992* (with the poets Mario Arteca and Reynaldo Jiménez, 2018); and *Backstage, 18 interviews and notes regarding contemporary poetry* (2017). He won the National Poetry Award "Martín Adán" in 1986 in Peru and the International Poetry Award "José María Eguren" 2005.

PETER MUNRO IS A FISHERIES SCIENTIST WHO WORKS in the Bering Sea, the Gulf of Alaska, and the Aleutian Islands. When he is not at sea, his overlords chain him to a computer in Seattle and force him to estimate parameters by the maximum likelihood method. Munro's poems have been published in such journals as *Poetry, Beloit Poetry Journal, Iowa Review,* and *Birmingham Poetry Review*. Munro is a founding curator of the open mike, Easy Speak (www.easyspeakseattle.com). A Jack Straw Writers Program participant in 2013, you can hear his poems at munropoetry.com.

PAUL E. NELSON FOUNDED SPLAB (SEATTLE POETICS LAB) & the Cascadia Poetry Festival. Since 1993 SPLAB has produced hundreds of poetry events & 600 hours of interview programming with legendary poets & whole systems activists including Allen Ginsberg, Michael McClure, Joanne Kyger, Robin Blaser, Diane di Prima, Nate Mackey, George Bowering, Brenda Hillman & many others. Books include *American Sentences, A Time Before Slaughter* and *Organic in Cascadia: A Sequence of Energies* (2013). He was co-editor of *Make It True: Poetry From Cascadia, 56 Days of August: Poetry Postcards* and *Samthology: A Tribute to Sam Hamill*. Paul is engaged in a 20 year bioregional cultural investigation of Cascadia. He lives in Rainier Beach, in the Cascadia bioregion's Cedar River watershed and serves as literary executor for the late poet Sam Hamill.

MAURIZIO MEDO NACIÓ EN 1965. ESTUDIÓ EN EL COLEGIO Jesuita La Inmaculada. Desde el 2003 vive en Arequipa, Peru. Es autor de *Manicomio* (2005) y *Dime Novel* (2014) y parte de su obra reunida fue publicada en España en el año 2015, con el título *Cuando el destino dejó de ser víspera.* Posteriormente publicó el libro *Y un tren lento apareció por la curva* (2016). Es editor de las antologías: *La letra en que nació la pena: muestra de poesía peruana 1970-2004* (2004), con el poeta Raúl Zurita; y *País imaginario, escrituras y transtextos. Poesía latinoamericana 1960-1979,* con los poetas Benito Del Pliego y Mario Arteca (2013) y, *País imaginario, escrituras y transtextos,* 1980-1992 con los poetas Mario Arteca y Reynaldo Jiménez (2018); y de *Backstage, 18 entrevistas (y algunas notas) alrededor de la poesía contemporánea* (2017). Obtuvo reconocimientos como el Premio Nacional de Poesía "Martín Adán" 1986, en el Perú, y el Premio Internacional de Poesía "José María Eguren" 2005.

PETER MUNRO ES UN CIENTÍFICO DEDICADO AL ESTUDIO de la piscicultura que trabaja en el Mar de Bering, el Golfo de Alaska y las Islas Aleutianas. Cuando no está en el mar sus jefes lo encadenan al computador para estimar parámetros por el método de máxima verosimilitud. Poemas de Munro han sido publicados en revistas como *Poetry, Beloit Poetry Journal, Iowa Review* y *Birmingham Poetry Review.* Munro is fundador de Easy Speak (www.easyspeakseattle.com), y participó en el Jack Straw Writers Program en 2013. Sus poemas se pueden seguir en munropoetry.com.

PAUL E. NELSON ES FUNDADOR DE SPLAB (SEATTLE POETICS LAB) y Cascadia Poetry Festival. Desde 1993 SPLAB ha producido cientos de eventos de poesía y 600 horas de entrevistas con poetas lengendarios y activistas incluyendo a Allen Ginsberg Michael McClure, Joanne Kyger, Robin Blaser, Diane DiPrima, Nate Mackey, George Bowering, Brenda Hillman y muchos más. Sus libos incluyen *American Sentences, A Time Before Slaughter* y *Organic in Cascadia: A Sequence of Energies* (2013). Coedito *Make it True: Poetry From Cascadia, 56 Days in August: Poetry Postcards* y *Samthology: A Tribute to Sam Hamill.* Paul ha iniciado una investigación cultural de 20 años acerca de la biorregión de Cascadia. Vive en Rainier Beach, en la biorregión Cedar River watershed y es albacea literario del recientemente fallecido Sam Hamill.

CARMEN BERENGUER WAS BORN IN SANTIAGO, CHILE IN 1946. Since the 1980's she has been a prominent figure in Chilean poetry, was awarded the Iberoamertican Pablo Neruda Poetry Prize, a Guggenheim Scholarship, and in 2014, an Honor Award from Naaman's Foundation for Free Culture (Lebanon). *Bobby Sands Desfallece en el Muro* (1983), *La Gran Hablada* (2002), *Venid a Verme Ahora* (2012) are some of her published books of poetry and essays.

JOHN OLSON HAS PUBLISHED NUMEROUS BOOKS OF POETRY and prose poetry, including *Dada Budapest, Larynx Galaxy,* and *Backscatter: New and Selected Poems.* He has also published four novels, including *In Advance of the Broken Justy, The Seeing Machine, The Nothing That Is,* and *Souls of Wind.* He was the recipient, in 2004, of *The Stranger* magazine's genius award for literature and in 2008 *Souls of Wind* was shortlisted for a Believer Book Award.

NÉSTOR PERLONGHER (1949 ARGENTINE—1992 SAN PABLO) was a poet, writer and LGBTQ militant. In 1981 he completed his degree in sociology at the University of Buenos Aires and moved to San Pablo, where he graduated from the University of Campinas with a Master of Social Anthropology and where he was appointed professor in 1985. His second book, *Alambres*, was awarded the Argentine Literature Boris Vian award. His principal poetry books are *Austria-Hungría* (1980), *Alambres* (1987), *Parque Lezama* (1990), *Aguas aéreas* (1990), and *El Chorreo de las Iluminaciones* (1992). His complete poems were edited by Seix Barral for La Flauta Mágica.

SOLEIDA RÍOS, FROM SANTIAGO DE CUBA, WAS BORN IN 1950. She has dedicated over 30 years to the creation of Archivo de Sueños, and has published their first two books: *El Libro de los Sueños* in 1999 and *Antes del Mediodia: Memoria del sueño* (2011). Other books include: *El Libro Roto, El Texto Sucio* (Kenning Editions, US, 2018), *Libro Cero, Secadero, Escritos al Reves* (National Literary Critics Award), *El Retrato Ovalado*—an experimental book with 34 other authors—(Editorial Thesaurus, Brasil, 2012), *Estrias* (Nicolas Guillen National Poetry Award, Literary Critics Award), and *A wa Nile* (2017). Anthologies include: *Fuga, Aqui Pongamos un Silencio* (Ediciones San Librario, Bogota, 2010) and *Bocacega* (bilingual, Sao Paulo, 2017).

CARMEN BERENGUER NACIÓ EN SANTIAGO, CHILE, EN EL 1946. Desde 1980 ella ha sido una figura prominente de la poesía Chileana, ha sido galardonada con el Premio Ibero-Americano de Pablo Neruda, le fue otorgada la beca Guggenheim, también en 2014 con el Premio de Honor de la Fundación Naji Naaman's para la Cultura Libre (Líbano). *Bobby Sands Desfallece en el Muro* (1983), *La Gran Hablada* (2002), *Venid a Verme Ahora* (2012) son algunos de sus libros de antología y poesía que han sido publicados.

JOHN OLSON HA PUBLICADO NUMEROSOS LIBROS DE POEMAS y poesía en prosa, incluyendo *Dada Budapest, Larynx Galaxy* y *Backscatter: New and Selected Poems.* También ha publicado cuatro novelas, incluyendo: *In Advance of the Broken Justy; The Seeing Machine; The Nothing That Is* y *Souls of Wind.* En 2004 Stranger Magazine le otorgó el Premio de Genio literario y en el 2008 su Souls of Wind fue preseleccionado para el Believer Book Award.

NÉSTOR PERLONGHER (1949, BUENOS AIRES, 1992 SAN Pablo) fué poeta, escritor y militante del LBGT argentino. En 1981 se recibió de sociólogo en la Universidad de Buenos Aires y se trasladó a San Pablo, Brasil. Allí realizó su maestría en Antropología social en la Universidad de Campinas UNICAMP, de la cual también fue profesor. Su segundo libro, *Alambres,* ganó el premio Boris Vian de literatura argentina. Sus principales libros de poemas son *Austria-Hungría* (1980), *Alambres (1987), Parque Lezama (1990), Aguas aéreas* (1990), y *El chorreo de las iluminaciones (1992). Sus Poemas completos* fueron editados por Seix Barral y por La Flauta Mágica.

SOLEIDA RÍOS, SANTIAGO DE CUBA, 1950. EMPEÑADA POR más de 30 años en la creación de un Archivo de Sueños, ha dado a la publicación los dos primeros tomos: *El libro de los sueños* (1999) y *Antes del mediodía. Memoria del sueño* (2011). Destacan además: *El libro roto, El texto sucio* (versión en inglés, *The dirty text,* Kenning Editions, EEUU, 2018), *Libro cero, Secadero, Escritos al revés* (Premio Nacional de la Crítica Literaria), *El retrato ovalado* (libro experimental con otras 34 autoras), *Editorial Thesaurus* (Brasil, 2012), *Ediciones Unión* (La Habana, 2015 y Winnings Press, Texas, EEUU, 2018), *Estrías* (Premio Nacional de Poesía Nicolás Guillén, Premio de la Crítica Literaria) y *A wa nilé* (2017). Así como las antologías *Fuga, Aquí pongamos un silencio* (Ediciones San Librario, Bogotá, 2010) y *Bocacega* (bilingue, Edit. Lumme, Sao Paulo, 2017).

CLEA ROBERTS LIVES IN WHITEHORSE, YUKON, CANADA. As a child, she lived in Santiago, Chile and travelled throughout Mexico—experiences that profoundly shaped her perspective on language and identity. Her debut collection of poems, *Here Is Where We Disembark* (Freehand Books 2010), was a finalist for the League of Canadian Poets' Gerald Lampert Award for best first book of poetry in Canada, was nominated for the ReLit Award and was published in German (Edition Rugerup 2013) and Japanese (Shichosha 2017). *Auguries* (Brick Books 2017), is her second collection of poetry. Clea facilitates a poetry and grief workshop at Hospice Yukon.

ROGER SANTIVÁÑEZ WAS BORN IN PIURA, PERÚ IN 1956. He received his Ph.D. from Temple University where he also worked several years. *Dolores Morales de Santiváñez, Selección de Poesía* (1975-2005) is the title of his first collected works, published in 2006. In 2016 Editorial PEISA from Lima edited his second collected works: *Sagrado, Poesía Reunida* (2004-2016). *Balara / Asgard & otros poemas* (Dharma Books, México 2017) and *Melagrana* (Casa Vacía, Virginia, USA 2018) are his most recently published books of poetry. He lives in Collingswood, New Jersey by the banks of the Cooper River.

A 2014 STRANGER GENIUS AWARD NOMINEE, **SHIN YU PAI** is the author of several books of poetry, including *ENSO* (Entre Rios Books, forthcoming), *AUX ARCS* (La Alameda, 2013), *Adamantine* (White Pine, 2010), and *Equivalence* (La Alameda, 2003). Her work has appeared in publications throughout the U.S., Japan, China, Taiwan, The United Kingdom, and Canada. She has been a featured presenter at national and international literary festivals including the Geraldine Dodge Poetry Festival and the Montreal Zen Poetry Festival. She has served as an artist in residence for Seattle Art Museum, Town Hall Seattle, and Pacific Science Center and is a former member of the Speakers Bureau for Humanities Washington. She lives and works in Seattle's Bitter Lake neighborhood.

CLEA ROBERTS VIVE EN WHITEHORSE, YUKON, CANADA. En su infancia vivió en Santiago de Chile y viajó por todo México, experiencia que formó profundamente su visión sobre idiomas e identidad. Su primera colección de poemas, *Here Is Where We Disembark* (Freehand Books, 2010), fue nominada para el premio de la League of Canadian Poets' Gerald Lampert por ser uno de las mejores ediciones de primeros libros de poemas en Canadá; fue nominada para el ReLit Award y publicada en alemán (Edition Rugerup, 2013) y japonés (Shichosha, 2017). *Auguries* (Brick Books, 2017) es su segunda colección de poemas. Clea conduce un taller de poesía y apoyo luctuoso del Hospice Yukon.

ROGER SANTIVAÑEZ NACIÓ EN PIUA, PERÚ, IN 1956. Recibió su Ph.D de Temple University donde el trabajo por varios años. *Dolores Morales de Santivañez, Selección de Poesía* (1975-2005) es el título de su primera compilación publicada en 2006. En 2016 Editorial PEISA, en Lima, editó su segunda compilación titulada *Sagrado, Poesía Reunida* (2004-2016). *Balara/Asgard & Other Poems* (Dharma Books, México 2017), y *Melagrana* (Casa Vacía, Virginia, Estados Unidos, 2018) son sus más recientes libros de poesía. Reside en Collingswood, New Jersey, cerca de las orillas del río Cooper.

SHIN YU PAI ES UNA POETA, ARTISTA VISUAL, ENSAYISTA y curadora. Pai es autora de numerosas colecciones de poesía, incluyendo *ENSO*, a ser publicado en el otoño del 2019 (Entre Ríos Books). *Aux Arcs* (2013), *Adamantine* (2010), Works on Paper (2008), *Sightings: Selected Works* (2000-2005) y *Equivalence* (2003). Su trabajo aparece en diversas publicaciones a lo largo de Los Estados Unidos, Japón, China, Taiwán, el Reino Unido y Canadá. Ha participado en festivales internacionales de literatura, incluyendo el Geraldine Poetry Festival y el festival Zen de Montreal. Ha sido escritora-en-residencia del Museo de arte de Seattle, participante del Jack Straw Cultural Center, y artista-en-residencia del Pacific Science Center y Town Hall Seattle. Pai obtuvo el cuarto puesto para poeta laureada de la ciudad de Redmond, Washington. Recibió su MFA de la Escuela del Art Institute, Chicago, Illinois y además pasó un año estudiando en Jack Kerouac School of Desembodied Poetics y tiene un MA en museología de la Universidad de Washington.

CEDAR SIGO WAS RAISED ON THE SUQUAMISH RESERVATION in the Pacific Northwest and studied at The Jack Kerouac School of Disembodied Poetics at the Naropa Institute. He is the editor of *There You Are: Interviews, Journals, and Ephemera, on Joanne Kyger* (Wave Books, 2017), and author of eight books and pamphlets of poetry, including *Royals* (Wave Books, 2017), *Language Arts* (Wave Books, 2014), *Stranger in Town* (City Lights, 2010), *Expensive Magic* (House Press, 2008), and two editions of *Selected Writings* (Ugly Duckling Presse, 2003 and 2005). He has taught workshops at St. Mary's College, Naropa University, and University Press Books. He lives in San Francisco.

MATT TREASE IS AN ARTIST, IT ANALYST, AND ASTROLOGER living in south Seattle, WA, where he serves on the board of the Seattle Poetics Lab (SPLAB) and co-curates the Margin Shift reading series. His poems have recently appeared in *small po[r]tions, WordLitZine, Phoebe, Fact-Simile, Hotel Amerika, Juked,* and in the anthologies, *56 Days of August: Postcard Poems* (Five Oaks Press, 2017), and *Shake the Tree, Vol III* (Brightly Press, 2018). He is the author of the chapbook *Later Heaven: Production Cycles* (busylittle1way designs, 2013).

THOMAS WALTON IS THE AUTHOR OF *THE WORLD IS ALL That Does Befall Us* (Ravenna Press, 2019), a lyric essay written against lyric essays, and dealing with Gertrude Stein, grief, and parenthood. He is also author of the collaborative work (with Elizabeth Cooperman) *The Last Mosaic* (Sagging Meniscus, 2018), a poetic travel guide to Rome and Roman History. Recent work in *Stringtown, Pontoon,* and *Rivet*. He lives in Seattle WA where he edits *PageBoy Magazine* and runs a counseling center for neglected poets.

RAÚL ZURITA (CHILE, 1950). AMONG HIS BOOKS ARE *Purgatorio* (1979), *Anteparaiso* (1982), *Canto a su Amor Desaparecido* (1985), *INRI* (2003), *Zurita* (2011), and *La Vida Nueva: Versión Final* (1982). He has written poems in the sky (New York, 1982) and in the desert (Atacama, Chile, 1993). He has received Chile's National Literature Award (2002), Jose Lezama Lima Award (Cuba, 2005) and Pablo Neruda Ibero-American Award (Chile, 2016). His works have been translated into over twenty languages.

CEDAR SIGO CRECIÓ EN LA RESERVACIÓN SUQUAMISH EN EL Pacífico Noroeste y estudio en The Jack Keruack School of Disembodied Poetics del Instituto Naropa. Es editor de *There You Are: Interviews, Journals and Ephemera de Joanne Kyger* (Wave Books, 2017), y autor de ocho libros y panfletos de poesía, incluyendo: *Royals* (Wave Books, 2017); *Language Arts* (Wave Books, 2014); *Stranger in Town* (City Lights, 2010); *Expensive Magic* (House Press, 2008), y dos ediciones de *Selected Writings* (Ugly Duckling Press, 2003 y 2005). Ha dictado talleres en St. Mary's College, Naropa University y en University Press Books. Reside en San Francisco.

MATT TREASE ES UN ARTISTA, ANALISTA DE INFORMACIÓN tecnológica y astrólogo que reside en el sur de Seattle, Washington, donde forma parte de la mesa directiva de SPLAB. Es colaborador de la serie de lecturas de Margin Shift. Sus poemas han aparecido recientemente en *po[r]tions, WordLitZine, Phoebe, Fact-Simile, Hotel Amerika, Juked* y en las antologías *56 Days of August: Poetry Postcards* (Five Oaks Press, 2917) y *Shake the Tree, Vol III* (Brightly Press, 2018). Es autor del libro de la plaqueta *Later Heaven: Production Cycles* (busy-little1way, 2013).

THOMAS WALTON ES AUTOR DE *THE WORLD IS ALL THAT Does Befall Us* (Ravenna Press, 2019), ensayo lírico escrito en contra del ensayo lírico, relacionado con Gertrude Stein, el dolor y la paternidad. Además coloboró con Elizabeth Cooperman en *The Last Mosaic* (Sagging Meniscus, 2018), una guía poética de viaje por Roma y de historia romana. Desde hace poco trabaja en *Stringtown, Pontoon* y *Rivet*. Vive en Seattle, Washington donde edita *PageBoy Magazine* y mantiene un centro de ayuda para poetas.

RAÚL ZURITA (CHILE, 1950). ENTRE SUS LIBROS SE CUENTAN *Purgatorio* (1979), *Anteparaíso* (1982), *Canto a su amor desaparecido* (1985), *INRI* (2003), *Zurita* (2011) y *La Vida Nueva. Versión final* (2018). Ha escrito poemas en el cielo (Nueva York, 1982) y en el desierto (Atacama, Chile, 1993). Ha recibido el Premio Nacional de Literatura de Chile (2000), el Premio José Lezama Lima (Cuba, 2005) y el Premio Ibero-Americano de Poesía Pablo Neruda (Chile, 2016). Su obra ha sido traducidos a una veintena de lenguas.

ACKNOWLEDGMENTS

TO WRITE ACKNOWLEDGEMENTS FOR A BOOK IS AN overwhelming task. How to remember everyone who played a role in bringing a book into the world is something I find difficult. First of all, this was the idea of José Kozer's, who I believe is one of the world's premier living poets. To be in a book with him, to help create a book with him, is an honor and one of those core moments in a poet's life. A thousand abrazos for Kozer. That he connected us to all the fine Medusarians and that we could have a small role in helping get their work out to a larger audience is among the blessings he provided. Thomas Walton is an editor extraordinaire. He has the eyes and the mind for how a publication works well. He's a true editor, and the book owes its existence and quality to him. Huge thanks to Lauren Grosskopf of *Pleasure Boat Studio*, who knew instinctively that this was an important book to publish, and whose graphic skills make the book as beautiful as it is. Thank you Alejandro Carillo and Dana Nelson for the remarkable translation job. This was the hardest part of creating this book and they took it on with grace, humility and intelligence. We are indebted to them for their work. Matt Trease created an introduction for the ages, filled with a rare kind of literary perception that is contemporary and timeless, illustrating the book's historical and literary significance. More proof Matt is a poet's poet. To have such remarkable work submitted to us is a blessing and I am grateful for every poet who sent us work and is represented in this book. To see the bios, as they were being translated (by Lesbia Matilde Pino Roque de Nelson and Raúl Sanchez, thanks May Raúl) come across my screen in Spanish (in the case of poets writing in English) was a sweet feeling for me. Gracias Mamá y poetas.

I SEE THIS BOOK, AND WORK LIKE IT, BRIDGE-BUILDING between cultures, a true act of peace. As funds dwindle for these kinds of initiatives, while men who sling footballs or dunk basketballs make $41 million dollars a year, we get a sense of the ethos of those who stand opposed to the insanity that passes for "market logic." We have tried to create something that will be valuable in 100 years, documenting those who cared about the myriad issues all seeming to crash at this time, the U.S.American empire, the biosphere, endless violent occupations, the wars against: the planet; women; people of color; sexual minorities; the indigenous, and others. We document those who have not given up hope, who dedicate their lives to the arcane act of poetry and building up, as Jack Clarke put it, "the imaginarium." Diane di Prima was right suggesting "the only war that matters is the war against the imagination." But instead of violently fighting back, creating this book (and those like it) are acts of resistance that create tiny cracks in the industry-generated-culture and the anti-ethos at its foundation. May readers get some sense of the joy we have gotten in putting this book into the world.

Paul E. Nelson
24, April, 2019
Seattle, WA
Cedar River Watershed
Cascadia Bioregion

AGRADECIMIENTOS

ESCRIBIR LOS AGRADECIMIENTOS DE UN LIBRO ES UNA tarea abrumadora. Recordar a todas las personas que jugaron algún papel en el proceso de traer un libro al mundo me parece algo difícil. Primero que nada, este [libro] fue idea de José Kozer, a quien considero uno de los poetas vivos más importantes. El estar en un libro con él, ayudar a crear un libro con él, es un honor y uno de esos momentos determinantes en la vida de un poeta. Miles de abrazos para Kozer. El hecho de que él nos haya conectado con todos los excelentes medusarios y el que pudiéramos tener un pequeño papel en ayudar a acercar la obra de estos a un público mayor se cuentan entre las bendiciones de él recibidas. Thomas Walton es un editor extraordinario. Él tiene los ojos y la mente para saber cómo funciona bien una publicación. Es un verdadero editor y el libro le debe su existencia y calidad a él. Gracias enormes a Lauren Grosskopf, de *Pleasure Boat Studio,* que instintivamente supo que este era un libro importante a publicar y cuyas habilidades gráficas hacen del libro algo tan bello. Gracias a Alejandro Carrillo y a Dana Nelson por su extraordinario trabajo de traducción. Esta fue la parte más difícil en la creación del libro y ellos la asumieron con gracia, humildad e inteligencia. Estamos en deuda con ellos por su trabajo. Matt Trease creó una introducción para la posteridad, llena de una rara especie de percepción literaria que es contemporánea y atemporal y que ilustra la importancia histórica y literaria de este libro. Mayor prueba de que Matt es un poeta entre los poetas. El que nos hayan enviado tan extraordinarios trabajos es una bendición y estoy agradecido por cada uno de los y las poetas que nos enviaron su obra y que están representados en este libro. Ver a las biografías, conforme eran traducidas (por Lesbia Matilde Pino Roque de Nelson, gracias, Má), aparecer en español en mi pantalla (en el caso de las y los poetas que escribieron en inglés) me provocó una dulce sensación. *Thank you, Mama and poets.*

CONSIDERO A ESTE LIBRO, Y A OTRAS OBRAS COMO esta, que tienden puentes entre culturas, un verdadero acto de paz. Cuando vemos que los fondos para este tipo de iniciativas se van encogiendo cada vez más, mientras que quienes lanzan o encestan pelotas de fútbol americano o de básquetbol ganan $41 millones de dólares al año, nos damos una idea del ethos de aquellas personas que mantienen una posición opuesta a la demencia que se hace pasar por "lógica de mercado". Hemos tratado de crear algo que será valioso dentro de 100 años, al documentar a aquellas personas que se preocupan por un sinnúmero de problemas que parecen habernos llovido todos juntos en esta época, el imperio estadounidense, la biósfera, ocupaciones violentas interminables, las guerras contra: el planeta; las mujeres; las personas de color; las minorías sexuales; los indígenas, y otros. Documentamos a aquellas personas que no han perdido las esperanzas, que dedican sus vidas al acto arcano de la poesía y a construir, en palabras de Jack Clarke, "el imaginario". Diane di Prima tenía razón al sugerir que, "la única guerra que importa es la guerra contra la imaginación". Pero, en lugar de responder con violencia, crear este libro (y otros como este) es un acto de resistencia que crea pequeñas fisuras en la cultura generada por la industria y en los cimientos del anti-ethos. Ojalá que los lectores reciban parte de la alegría que sentimos al poner este libro en el mundo.

Paul E. Nelson
24 de abril de 2019
Seattle, WA
Cedar River Watershed
Biorregión de Cascadia

make it
True
meets
Medusario